LÍNGUAS, IDENTIDADES E MIGRAÇÃO: BRASILEIROS NA EUROPA

Ana Souza
Camila Lira
Kátia Chulata
(Orgs)

— JNPBooks Education —

A tod@s @s brasileir@s que "escolhem" outras terra.

Comitê Científico

Dra. Beatriz Padilla
Instituto Universitário de Lisboa, Portugal

Dra. Gláucia de Oliveira Assis
Universidade do Estado de Santa de Catarina, Brasil

Dra. Gláucia Silva
Universidade de Massachusetts – Dartmouth, EUA

Dr. Kleber Aparecido da Silva
Universidade de Brasília, Brasil

Dra. Maria Célia Lima-Hernandes
Universidade de São Paulo, Brasil

Dra. Maria José Grosso
Universidade de Macau, China

Dra. Vânia Casseb Galvão
Universidade Federal de Goiás, Brasil

SUMÁRIO

Agradecimentos. 5

Apresentação. 7

Prefácio. 9

Introdução. 13

Um breve histórico sobre o Seminário de Estudos sobre a Imigração Brasileira na Europa – *Ana Souza, Camila Lira e Kátia Chulata*

Capítulo 1 23

The subjective perception of the integration process of Brazilian migrants in Germany – *Anna Ladilova*.

Capítulo 2 51

Fronteira linguística permeável - code-switching em duas comunidades para brasileiros no Facebook – *Layla Jochmann*.

Capítulo 3 75

O POLH na Itália – A descoberta do espaço linguístico – *Ana Luiza de Souza e Daniela Mascarenhas Benedini*.

Capítulo 4 106

Mobilidade acadêmica brasileira para Portugal: uma estratégia viável para a formação de redes associativas e diáspora acadêmica? – *Thais França e Beatriz Padilla.*

Capítulo 5 .... **138**

Migração, processos identitários e violência colonial: narrativas de um imigrante brasileiro na Europa – *Glauco Vaz Feijó.*

Capítulo 6 .... **161**

Empatia como forma de conhecimento transnacional na problematização da migração de mulheres brasileiras – *Diana Marciele Kerber.*

Capítulo 7 .... **194**

"Gingando entre dois mundos": O processo de negociação cultural da capoeiragem entre Alemanha e Brasil – *Fabio Araújo Fernandes.*

Minibiografia dos autores

Sobre as autoras

AGRADECIMENTOS

Agradecemos à Cônsul-Geral em Munique, Sra. Embaixadora Carmen Lidia Richter Ribeiro Moura pelo crédito dado a essa obra ao escrever sua apresentação.

Agradecemos à Profa. Dra. Mônica Savedra (Universidade Federal Fluminense - UFF) por ter apoiado a organização deste livro e ter gentilmente escrito seu prefácio.

Agradecemos a todos os integrantes do comitê científico por terem gentilmente contribuído com a avaliação dos capítulos compilados.

Agradecemos a todos os autores que nos agraciaram com seus trabalhos. Sentimo-nos honradas pela confiança que depositaram em nós!

Agradecemos também à editora JNPBooks pela oportunidade de realizarmos esse projeto com seu apoio.

Agradecemos a você, leitor, por estar nos prestigiando!

Londres/Munique/Pescara, 29 de abril de 2017
Ana Souza
Camila Lira
Kátia Chulata

APRESENTAÇÃO

O livro *Línguas, Identidades e Migração: Brasileiros na Europa*, que é fruto do IV Seminário de Estudos sobre Imigração Brasileira na Europa, ocorrido em Munique em outubro de 2016 com participação deste consulado-geral, reúne artigos sobre variados temas ligados à imigração brasileira na Europa, com foco em Portugal, Itália e Alemanha.

Aborda, entre outras, questões importantes, como os complexos processos de negociação contínua de identidades híbridas, língua, educação, integração, gênero, trabalho social e mobilidade acadêmica, que considero serem de grande relevância e mérito não apenas em termos científicos, mas também num sentido mais pragmático, no que diz respeito à própria comunidade de brasileiros que residem nesta parte do globo.

Os textos aqui apresentados evidenciam, de forma rara e fascinante, um olhar analítico e multifacetado para a diversidade das realidades de vida de emigrantes brasileiros, suas estratégias de adaptação e autoafirmação, suas dificuldades e suas histórias de sucesso, no contexto das diferentes sociedades europeias.

Expresso meus agradecimentos e parabéns aos autores e aos organizadores deste volume pelos esforços dedicados e permito-me desejar que esse importante projeto tenha continuidade e o merecido sucesso.

Carmen Lidia Richter Ribeiro Moura,
Cônsul-Geral do Brasil em Munique,
27 de agosto de 2018.

PREFÁCIO

O livro *Línguas, Identidades e Migração: Brasileiros na Europa*, organizado por Ana Souza, Camila Lira e Katia Chulata, trata de forma significativa e abrangente da **Migração de brasileiros na Europa**, tomando como eixo dois temas centrais: língua e identidade, a partir dos quais a maioria dos autores discute o enfoque *us and others* nos diferentes contextos descritos na obra.

Ao apresentar estudos e investigações desenvolvidas em diferentes contextos de migração, os capítulos permitem relatos sobre a construção etnolinguística, cultural e identitária dos brasileiros da diáspora, que são, na verdade, sujeitos inseridos em contextos de comunidades bi-plurilíngues delineadas pelos diversos contextos particulares de uma migração para Europa do/no século XXI.

Os estudos desenvolvidos em centros acadêmicos e de pesquisa de universidades europeias, algumas em colaboração com universidades brasileiras, concluem e apontam para a necessidade de serem privilegiados alguns aspectos, identificados como pontos-chave nos diversos capítulos da obra. São eles: (i) integração, (ii) políticas públicas de integração, (iii) transnacionalização e (iv) fronteiras linguísticas.

i) **Integração** entendida como instrumento de compreensão intercultural, dentro da perspectiva apontada no estudo de Anna Ladilova; ou entendida como elemento de (re)construção identitária como relatado no discurso do imigrante comentado por Glauco Vaz Feijó;

ii) **Políticas públicas de integração** (educacionais e linguísticas) que promovam acolhimento, reconhecimento de línguas minoritárias e, no caso específico da temática do livro, na difusão e ensino de português como língua de herança. Tema discutido no trabalho de Ana Luiza Oliveira de Souza e Daniela Mascarenhas Benedini, na apresentação da Rede de iniciativas POLH- ITÁLIA e no capítulo de Thais França e Beatriz Padilha que trata da Mobilidade acadêmica e seu impacto na formação e consolidação de redes acadêmicas e de pesquisa sobre migrações;

iii) **Transnacionalização**: assunto muito bem discutido no texto de Diana Marciele Kerber que problematiza a migração de mulheres brasileiras na Alemanha, apresentando a problematização de fatos sociais da migração com base em uma perspectiva transnacional, baseada na ótica da sociologia do conhecimento, a partir da qual a autora aponta a leitura de estruturas bastante diferenciadas entre Brasil e Alemanha. Outro capítulo que aborda o tema é o de Fábio Araújo Fernandes que discute o processo de negociação cultural da capoeiragem entre Alemanha e Brasil a partir de fronteiras culturais, do entrelaçamento de símbolos e códigos em processo de hibridização e, finalmente o tema de

iv) **Fronteiras linguísticas:** como apresentado no estudo de Layla Jochmann sobre *code-switching*, especialmente entre os limites do morfema e do léxico, em diálogos virtuais de duas comunidades para brasileiros no Facebook, apresentando uma perspectiva de análise linguística sob o viés dos conceitos de conceitos de durabilidade, permeabilidade e liminalidade.

Os trabalhos que compõem a presente obra são desenvolvidos por diversos autores de renomadas instituições de ensino na Europa e no Brasil e relatam estudos e investigações valiosas para compreensão da situação da migração de brasileiros na Europa, cujos resultados reforçam a importância no desenvolvimento dos estudos sobre os aspectos linguísticos e identitários que permeiam contexto tão particular de migração em nosso século.

Mônica Maria Guimarães Savedra,
UFF – Universidade Federal Fluminense,
29 de setembro de 2018.

INTRODUÇÃO

Um breve histórico sobre o Seminário de Estudos sobre a Imigração Brasileira na Europa

Ana Souza, Universidade de Brasília, Brasil / Universidade Oxford Brookes, Inglaterra.

Camila Lira, Universidade Europa Viadrina, Alemanha.

Kátia Chulata, Universidade G. d'Annunzio, Itália.

O grande fluxo de brasileiros que deixam o Brasil, pelo menos temporariamente, tem chamado a atenção de órgãos internacionais e acadêmicos. A ONU, por exemplo, oficialmente reconheceu o Brasil como um país de emigração no início deste século (ONU, 2004). Seis anos depois, um grupo de acadêmicos atuando em universidades europeias criou um evento para discutir esse recente fenômeno na história do país: o Seminário de Estudos sobre a Imigração Brasileira na Europa.

Esse seminário tem como um de seus objetivos principais possibilitar o intercâmbio de experiências e informações sobre as variadas áreas do conhecimento relacionadas com a situação e as experiências migratórias de brasileiros no continente europeu.

Idealizado por Maria Badet (Universidade Autônoma de Barcelona), o I Seminário sobre Estudos sobre a Migração Brasileira na Europa[1] foi realizado em Barcelona, na Espanha, entre os dias 25 e 27 de novembro de 2010. Esse evento foi organizado pelo Coletivo Brasil-Catalunya e pela Associação de Pesquisadores e Estudantes Brasileiros na Catalunha (APEC). Ademais, contou com a colaboração de cinco outros grupos: a Rede de Brasileiras e Brasileiros na Espanha, o GEDIME (*Grup d'Estudis d'Immigració i Minories Ètniques*), o *Grupo de Investigación Consolidado Multiculturalismo y Género*, o Instituto Migrações e Direitos Humanos situado em Brasília e do GEB, o Grupo de Estudos sobre Brasileiros no Reino Unido.

O Seminário tornou-se, então, um evento bienal e teve sua segunda edição[2] realizada em 2012 em Portugal no Instituto Universitário de Lisboa através do Centro de Investigação e Estudos de Sociologia, sob coordenação de Beatriz Padilla, e do Centro em Rede de Investigação em Antropologia, sob coordenação de Antonia Pedrosa Lima.

A terceira edição[3] do Seminário de Estudos sobre a Migração Brasileira na Europa foi realizada em 2014 na Inglaterra pelo GEB, quando este grupo estava ligado ao Instituto de Educação da Universidade de Londres. O GEB foi criado em 2008 e oficialmente encerrou suas atividades em 2015. Porém, todas suas conquistas foram registradas e podem ser acessadas no portal

---

[1] https://seminariobrasileuropa2010.wordpress.com
[2] https://sites.google.com/site/seminariobrasileuropa2012
[3] https://3seminariobrasileuropa2014.wordpress.com/apresentacao

https://geb2008.wordpress.com, inclusive seus dois últimos relatórios, *Diversidade de Oportunidades* (EVANS et al. 2015) e *Desafios no dia-a-dia* (SOUZA E EVANS, 2015). Sendo o Reino Unido o país europeu com o maior número de imigrantes brasileiros, segundo o MRE (BRASIL, 2016) -, compartilhamos aqui um resumo do conteúdo de ambos os relatórios com foco em sete aspectos demográficos: (1) local de residência, (2) idade, (3) gênero, (4) trabalho, (5) nível educacional, (6) estado civil e família, e (7) período de permanência no exterior.

Vale ressaltar que os dados obtidos pelo levantamento do GEB sobre o país de domicílio para o primeiro relatório correspondem quase que exatamente aos dados do Censo britânico de 2011. De acordo com esse Censo, a grande maioria da população brasileira no Reino Unido residia na Inglaterra e no País de Gales. O Censo britânico mostrou também que mais da metade da população total de brasileiros no Reino Unido residia em Londres. A contribuição diferenciada dos dados do relatório *Diversidade de Oportunidades* (EVANS et al. 2015) é a quebra da antiga imagem do imigrante brasileiro como sendo um jovem estudante, solteiro, e o qual ficava no exterior por um curto período de tempo.

Quase metade da amostragem dos brasileiros pesquisados tinham entre 30-39 anos de idade, refletindo uma concentração importante na faixa etária mediana. Apesar de não ser possível afirmar que a maior porcentagem de mais mulheres (65%) do que homens (35%) no estudo reflete uma real divisão por gênero de brasileiros no Reino Unido como um todo, o Censo brasileiro de 2010 (IBGE, 2011) reporta que há mais brasileiras do que brasileiros vivendo no exterior. Independente de gênero, apenas um quarto dos participantes eram estudantes no Brasil e apenas 12% deles apenasestudava no Reino Unido. Já a constituição familiar mostra que cerca de dois terços dos pesquisados (67%) eram casados ou estavam convivendo com alguém. Pouco menos da metade dos participantes do estudo (45%) declarou ter filhos. Em termos do tempo de permanência, o estudo revelou que a maioria dos brasileiros já residia no Reino Unido por vários anos. Mais especificamente, quase dois terços dos pesquisados (64%) residiam no país há mais de cinco anos na época do estudo.

Apesar da crise econômica de 2008 ter levado um número de brasileiros a retornar ao Brasil (ver OLIVEIRA, 2013; BRASIL, 2016), o relatório *Diversidade de Oportunidades* (EVANS et al. 2015) indica que a imigração brasileira na Inglaterra continua em número significativo. Além disso, esse relatório indica que o perfil do imigrante brasileiro mudou. A migração brasileira atual tem sete grandes características: é feminina (mais de 50%), é mais velha (30-39 anos), não estudante, tem alto nível educacional (médio-superior), de residência com início a diversificação (Londres para outras localidades), de estadia longa (mais do que 5 anos) com tendência a fixar-se e com projeto familiar (filhos).

O segundo relatório, o *Desafios no dia-a-dia* (SOUZA E EVANS, 2015), apresenta resultados de uma pesquisa realizada com uma das organizações de prestação de assistência a brasileiros que vivem no Reino Unido. Destacamos esse segundo relatório por dois motivos: é o que possui a maior amostragem (855 participantes) e o primeiro, que saibamos, a traçar o perfil de imigrantes que usam serviços prestados por organizações que não possuem cunho religioso. Apesar dessa peculiaridade e do maior número de participantes, o novo perfil do imigrante brasileiro no Reino Unido é confirmado: apesar de quase 69% dos associados residirem na capital britânica, percebe-se, a presença de brasileiros em condados que circundam Londres e em outras partes da Inglaterra. Em todos os casos, a tendência a residência por períodos mais longos também é notada, com dois terços dos participantes residindo no Reino Unido por no mínimo cinco anos. O novo perfil também é refletido em relação a maior proporção dos associados com idade entre 30 e 39 anos. Ademais, o número de mulheres associadas é superior a parcela dos homens; é constatada a presença de crianças e adolescentes, evidenciando, assim, a presença de famílias e de integrantes de primeira geração (brasileiros nascidos no Reino Unido). Além disso, os dados mostram que os associados haviam atingido um médio (55%) ou alto nível (39%) educacional no Brasil. No Reino Unido, apenas 12% estavam estudando.

Porém, não podemos deixar de perguntar: Por quanto tempo esse perfil será mantido? Qual será o impacto da votação a favor da saída do Reino Unido da União Europeia, o *Brexit*, em 23 de junho de 2016 na migração brasileira para esse e outros países europeus? E o impacto da crise migratória iniciada na Europa em 2015? Para responder a essas e outras perguntas relevantes para uma melhor compreensão dos novos contextos de imigração sendo experienciados por brasileiros, com certeza, surgirão novos estudos que continuem essas discussões acadêmicas. Assim, esperamos ansiosamente pelo V Seminário de Estudos sobre a Imigração Brasileira na Europa[4], a partir do qual a sigla SIBE foi adotada. Essa quinta edição do SIBE será realizada na Itália na *Università degli Studi "G. d'Annunzio"* entre os dias 8 e 10 de novembro de 2018 sob a coordenação de Kátia Chulata.

Enquanto aguardamos esses novos estudos, reunimos neste livro sete capítulos escritos com base em apresentações de pesquisas que fizeram parte do IV Seminário de Estudos sobre Imigração Brasileira na Europa[5], organizado por Camila Lira. Ressaltamos que, apesar desse evento incluir trabalhos das mais variadas áreas acadêmicas, compartilhamos aqui apenas trabalhos que exploram questões migratórias relacionadas a línguas e identidades. Tendo o evento sido realizado em Munique entre os dias 25 e 27 de novembro de 2016, nada mais natural do que termos seis dos artigos aqui apresentados discutindo o contexto alemão.

O Capítulo 1, escrito por Anna Ladilova, apresenta uma reflexão crítica sobre a integração linguística de imigrantes brasileiros na Alemanha. Para tanto, pressuposições, como a ideia de que o conhecimento da língua local seja um pré-requisito para integração social e até mesmo uma garantia de sucesso nesse processo, são desconstruídas.

No Capítulo 2, Layla Jochmann compartilha observações sobre o contato linguístico da língua portuguesa com a língua alemã em duas comunidades para brasileiros no Facebook. O uso das duas

---

[4] https://sibe2018.wixsite.com
[5] https://sites.google.com/site/seminariobrasileuropa2016

línguas por brasileiros e descendentes de brasileiros que residem em Berlim são investigados com foco na permeabilidade da fronteira linguística (ZINKHAHN-RHOBODES, 2015) entre ambas as línguas.

Introduzindo um novo contexto europeu do uso da língua portuguesa na Europa, no Capítulo 3, Ana Luiza de Souza e Daniela Mascarenhas Benedini discutem a presença do Português como Língua de Herança na Itália da perspectiva de políticas linguísticas.

No Capítulo 4, Thais França e Beatriz Padilla mudam o foco das discussões para a mobilidade de acadêmicos. Elas apresentam o caso de acadêmicos brasileiros em Portugal e argumentam que, apesar da expectativa de que mobilidade acadêmica traga benefícios para a formação de redes associativas internacionais e com o país de origem, isso não é verificado acontecer de forma significativa neste contexto.

Portugal é também o contexto da pesquisa relatada por Glauco Vaz Feijó no Capítulo 5. A narrativa de um imigrante com dupla experiência migratória em Portugal e na Alemanha é apresentada. As comparações entre as duas experiências constroem uma narrativa identitária *sui generis*, que leva a novas reflexões sobre as possibilidades de construções de identidades em processos migratórios sul-norte.

Já Diana Marciele Kerber, no Capítulo 6, analisa como as estruturas discursivas que fundamentam a problematização da migração de mulheres brasileiras interferem para que os fatos sociais oriundos dessa migração sejam reconhecidos como problemas sociais. Com este fim, Diana entrevistou pessoas ligadas a organizações não governamentais do Brasil e da Alemanha que intervêm nesses problemas.

No último e sétimo capítulo, Fábio Araújo Fernandes apresenta um estudo etnográfico sobre o processo de negociação cultural experienciado por capoeiristas brasileiros e alemães. Fábio defende que os alicerces do universo da capoeira são estabelecidos e legitimados como um espaço relacional de negociação simbólica "in-between".

Em suma, essa coletânea contribui para discussões teóricas sobre o papel das identidades linguísticas e culturais nas experiências migratórias de crianças e adultos brasileiros em três dos seis países que oficialmente possuem mais de 70 mil brasileiros imigrantes (BRASIL, 2016): Portugal, Alemanha e Itália. Essas discussões são ilustradas com estudos realizados em contextos diferentes de ensino formal de línguas, como o de Português como Língua Estrangeira e Português como Língua de Herança, assim como o ensino informal através das famílias. O contexto de ensino superior e o aprendizado através do esporte também são investigados. Além disso, exemplos de estudos com organizações não governamentais e em espaços virtuais são compartilhados. Ademais, variadas metodologias de pesquisa qualitativa, tais como etnografia, uso de narrativas, questionários online, entrevistas semistruturadas, análise de discurso, inclusive discurso coletado através de redes sociais virtuais, como também análise de documentos, são usadas pelos diferentes estudos. Assim, esperamos que tenha uma leitura prazerosa e útil para o desenvolvimento de conhecimentos sobre a experiência de imigrantes brasileiros na Europa.

Londres/Munique/Pescara, 29 de abril de 2017.

Referências.

BRASIL. Brasileiros no Mundo Estimativas. Ministério das Relações Exteriores, 2016. Disponível em http://www.brasileirosnomundo.itamaraty.gov.br/a-comunidade/estimativas-populacionais-das-comunidades/Estimativas%20RCN%202015%20-%20Atualizado.pdf. Acesso em 1 setembro 2017.

IBGE (2011) Censo 2010 – Mais da metade dos emigrantes brasileiros são mulheres. Rio de Janeiro: Instituto Brasileiro de Geografia e Estatística. Disponível em https://www.ibge.gov.br/component/saladeimprensa/?view=noticia&id=3&idnoticia=2017&busca=1&t=censo-2010-mais-metade-emigrantes-brasileiros-sao-mulheres. Acesso em 12 agosto 2018.

EVANS, Y.; DIAS, G.; MARTINS JR., A.; SOUZA, A.; TONHATI, T. Diversidade de Oportunidades: Brasileir@s no Reino Unido. Londres: GEB/Goldsmiths/Queen Mary/Oxford Brookes, 2015.

OLIVEIRA, A. Um panorama da migração internacional a partir do censo demográfico de 2010, Revista Interdisciplinar de Mobilidade Humana (REMHU), n. 40, 2013, p. 195-210.

ONU. World Economic and Social Survey, 2004. Disponível em http://www.un.org/esa/analysis/wess. Acesso em 1 setembro 2017.

SOUZA, A. e EVANS, Y. Desafios no dia-a-dia: experiências de brasileir@s no Reino Unido. Londres: GEB/Queen Mary/IOE, UCL, 2015.

ZINKHAHN RHOBODES, Dagna. The permeability of language borders on the example of German-Polish language mixing. In: ROSENBERG, Peter/JUNGBLUTH, Konstanze, / ZINKHAHN RHOBODES, Dagna (Eds.) Linguistic construction of ethnic borders. Frankfurt am Main: Peter Lang, 2015.

CAPÍTULO 1

The subjective perception of the integration process of Brazilian migrants in Germany.

Anna Ladilova,
Universidade Justus - Liebig - Giessen, Alemanha

1. INTRODUCTION

According to a survey by the German Federal Statistical Office (Destatis, 2017) there were 39,705 Brazilians living in Germany on 31st of December of 2016. Since the total number of foreigners in Germany is 10,039,080, Brazilians make up for 0.4 %. Apart from that, Brazilian migrants in Germany are the biggest group of migrants from South America, the total number of which is 90,620. While the number of Brazilians living in Germany, as reported by the German Federal Statistical Office (Destatis, 2017) has constantly risen from 32,445 in 2009 to 39,705 in 2016 (which is a rise of 22,4 %), the Brazilian Ministry of Foreign Affairs are much higher and more variable. It is not clear how this difference in numbers comes about, because both institutes take into account only regular migrants, Brazilians with a double citizenship and students. One possible explanation would be the difference in numbers due to the sources of information. While the Brazilian Ministry of Foreign Affairs takes into account numbers of Brazilians reported at the Brazilian Embassies in Germany, the German Federal Statistical Office takes into account numbers given by the Central Register of Foreign Nationals (Ausländerzentralregister, 2017). The latter might not include all the Brazilians with double citizenship, because they might only state their European citizenship at the immigration authority. In both cases it can be assumed that the actual number of Brazilians living in Germany is significantly higher, because most of them are in an irregular migration situation (Ministério das Relações Exteriores).

According to the German Federal Statistical Office (Destatis, 2017) 13,040 of Brazilians living in Germany in 2016 were males and 26,665 females, which made up for 67.2 % of women. Only 1.6 % of Brazilians were born in Germany and the average length of stay was 9.9 years. The average age of Brazilians coming to live in Germany was 36.2 years and 36.2 % of them were single, while 47.7 % were married. The total number of naturalizations made up for only 2.9 %. 58 % of all naturalized Brazilians in Germany in 2016 were married and only 25.9 % are single. Here there is a difference in gender: while women are mostly married (67.4 %), men are mostly single (46.4 %). It is also important to note that all Brazilians that have been naturalized in Germany have been granted a double citizenship.

Most Brazilians in Germany (92.0 %) have a residency permit, however, less than a half (43.8 %) without time limitation. While about a half of the total number of Brazilian women in Germany have a residency permit without time limitation, only about a fourth of all men have this status. This is probably due to the fact that women are more often married to a German than men. For 56.2 % of all Brazilians in Germany with a residency permit it is limited, out of which men are affected more frequently, as can be seen in the following table, which gives an overview of the different reasons for a limited residency permit:

	total	education	work	Humanitarian and political	family	special residency rights
men	7,470	2 725	1 900	40	2 330	475
women	10,365	2,750	1,055	85	5,790	685
total	17,835	5,475	2,955	120	8,120	1,160
% of men	74.1 %	36.5 %	25.4 %	0.5 %	31.2 %	6.4 %
% of women	47.9 %	26.5 %	10.2 %	0.8 %	55.9 %	6.6 %
& of total	56.2 %	30.7 %	16.6 %	0.7 %	45.5 %	6.5 %

Table 1: Reasons for time limited residency permit of Brazilians in Germany (31.12.2016)

The most common reason for a limited residency permit is because of family issues (45,5 %). This is also the most common reason for women, as 55.9 % of all women have a limited residency permit for this reason, as opposed to men (31.2 %). The second most common cause for a limited residency permit is education with 30.2 %. This reason is the most common for men (36.6 %), while it is the second most common cause for women (26.5 %). Also work is an important reason for men, as it accounts for 25.4 % of cases of a limited residency permit.

To put it in a nutshell the recent statistics of the Federal Statistical Office (Destatis, 2017) show that Brazilians make up for 0.4 % of all immigrants living in Germany. With an average of about 36 years this group is relatively young and most of its members have been living here for about ten years. Both of these points go in hand with the fact that most Brazilians in Germany, and especially women, are married. Brazilian women are thus also granted a residency without time limit and citizenship more often than men. The motivation for living in Germany is partly linked to the causes of the time limited residency permit: family reasons, studies and work.

The motives for emigration found in the data of the present study partly correlate with these statistics, as will be shown in chapter four. Before that, however, the article will discuss the theoretical context of the study in chapter two and describe the methodological proceeding of the empirical study in chapter three. The final considerations in chapter five will, furthermore, summarize the findings of the study.

2. THEORETICAL CONTEXTS

The term "migration" comes from the Latin word *migratio* and means the movement of individuals or groups in a social or geographical space (Terkessidis, 2000, p. 6). Another important criterion of migration is a permanent change of the place of residence (Treibel, 2003, p. 21). Whilst there has always been movement of people around the globe, the current possibilities in the transportation and communication infrastructure make migration a more common phenomenon leading to plural societies: "All contemporary societies are now culturally plural; no society is made up of people having one culture, one language, and one identity" (Berry, 2011, 2.2). This section first discusses integration models and strategies and then looks at linguistic integration.

2.1. INTEGRATION MODELS AND STRATEGIES

Integration is a term with many meanings and uses. In a society integration is about building an efficient entity for which the participation of the different social systems and actors is needed (Fischer, 2006, pp. 41–50). The glossary of the German Federal Office for Migration and Refugees (BAMF, 2017) defines it as a long-term process which has the aim to include in society all people living permanently and legally in Germany and enable a comprehensive and equal participation in all areas of society. For a successful integration, the migrants are said to have the duty to learn German, to know, to respect and to obey the constitution and laws.

Integration and the perception of its success depend on the point of view on the composition of plural societies. Berry (Berry, 2011, 2.4) distinguishes two models of cultural group relations in plural societies and institutions, as shown in the following figure:

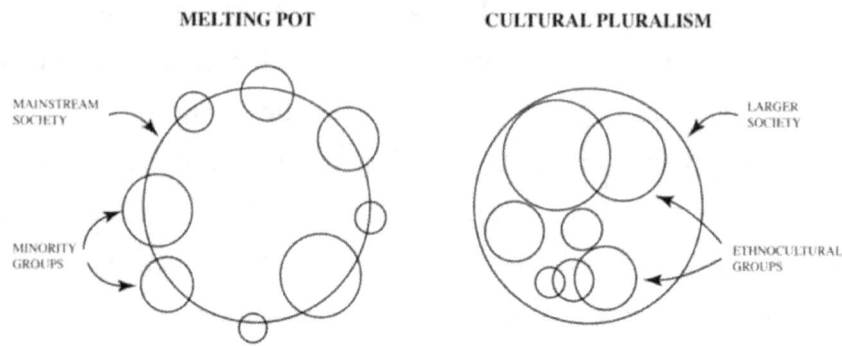

Figure 1: Two implicit modes of plural societies (Berry, 2011, 2.4)

In the melting-pot-model there is an idea of a dominant society with several minority groups on its margin. These minority groups can only be included into the mainstream society "as indistinguishable components into the mainstream" (Berry, 2011, 2.2). From the view of this model, cultural pluralism is seen as a problem that should thus be reduced or even eliminated. As opposed to this, in the cultural-pluralism-model the multicultural view is predominant. Here there is a larger society which consists of a national framework of institutions and accommodates the ethnocultural groups, which are fully incorporated into the larger society. From this perspective cultural pluralism is a resource and there is thus a motivation to support inclusiveness through policies and programs.

Berry (1980) calls the way how dominant and non-dominant

groups in a plural society should engage with each other via "intercultural strategies". In the context of non-dominant groups in contact with dominant groups they are called acculturation strategies. In the context of the dominant group engaging with the non-dominant they have been called acculturation expectations when referring to the acculturation strategies of the non-dominant group and multicultural ideology when referring to their own accommodation strategies. It is important that Berry (Berry, 2011, 2.5) refers to these as strategies since they include attitudes and behaviors and that they are expressed in everyday intercultural interactions. Considering the acculturation process, Berry (Berry, 2011, 2.5) distinguishes four strategies based upon two main factors: the preference for maintaining one's own culture and the preference for participating in the larger society. The following figure shows how these lead to different acculturation strategies.

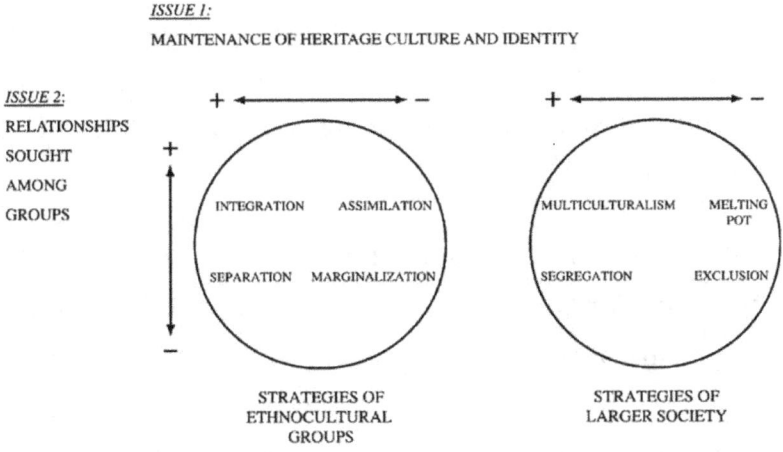

Figure 2: Acculturation strategies in ethnocultural groups, and the larger society (Berry, 2011, 2.5)

The strategies have different names depending on the perspective of the group in question. As the perspective of the ethnocultural groups is central for the present paper, it will be discussed in more details, leaving the strategies of the larger society aside. When ethnocultural groups have a stronger preference for maintaining their heritage culture, they pursue the separation strategy. When they are inclined to engage with the larger society and leave aside their heritage culture, their strategy is called assimilation. When neither is pursued, they follow the marginalization strategy and when both are intended, they strive towards integration. Berry (Berry, 2011, 2.6) points out that the latter implies less stress and leads to a better adaptation than the other strategies, marginalization being linked to the highest level of stress and lowest adaptation levels. However, mutual accommodation is required for integration to take place, "involving the acceptance by both groups of the right of all groups to live as culturally different peoples" (Berry, 2011, 2.6). Bourhis and Gagnon (2007) also underline the fact that the acculturation strategies of the ethnocultural groups can be influenced by the degree of acceptance and discrimination by the larger society.

All in all, integration is not something automatic that goes along with the reduction of ethnical, cultural and social differences, as stated by some of the classic assimilation theories (Alba & Nee, 2005; Gordon, 1968). These theories focused on assimilation of white US-American migrants and are not applicable to the situation of migrants of different ethnicity and legal status. The latter have greater difficulties gaining symbolic belonging even if they achieve structural mobility (Schlachter, 2016, p. 984). In this sense integration is subject to social hierarchies and sociopolitical power structures because the migrants have to adapt to the larger society (and not the other way around) and because it is the larger society that decides who it will accept and who it will deny. In Germany, there is even a naturalization examination that draws a clear line between Germans and Non-Germans. This examination has authority over the inclusion and exclusion processes depending on whether the questions are answered correctly. Borden and Nowotny (2009, p. 197) draw attention to this particular aspect of the German identity discourse and "the contradiction between its essentialist claims and its self-constructed character".

Although the action of the host society is a very important factor in the integration process, it has to be taken as a constant variable when there is a need to explain the actions and motives of the migrants, as in the present study. The latter can be divided into the family and migration background on one hand and other contextual factors on the other hand. The first variable includes the motives of staying in the new country, the age of immigration and educational status. The contextual factors can be divided into the sending, the receiving and the ethnic context. The sending context refers to the conditions in the country of origin and has to do with the cultural distance between the home and the host country. The receiving context refers to the situation in the receiving country and has to do with the social distance which can be expressed in negative ethnical stereotypes and the access to the social infrastructure (such as the work market). The ethnic context refers to the particularities of the group in question, such as its size, the development of ethnic networks and the possible affiliation to supranational networks such as the EU or the OECD (Esser, 2006, p. 37). The present paper will discuss these integration factors in the case of Brazilian migrants in Germany, taking a closer look at the linguistic integration, the theoretical background of which will be discussed in the following subsection.

2.2. LINGUISTIC INTEGRATION

The Council of Europe (Council of Europe Project LIAM, 2017) views the integration of newly-arrived migrants as a multifaceted process implicating numerous indicators, which take into account the macro- and micro-components of the adjustment to a new society, such as social inclusion, health, income, employment, housing, education, participation in society, etc. However, they often lack criteria directly related to languages, despite their crucial role in the process of integration. Learning another language is, however, not only a functional process, but it also goes along with a significant change in identities. In this sense the integration process is preceded by an initial crisis because of the need for a rearrangement of the habitual reference system of the migrants (Schütz, 1944). If the migrants decide to go through this crisis and acquire new social knowledge, there is a possibility of establishing intersubjectivity between the members of different cultures, especially if there is also consciousness about the differences in this knowledge (Günthner & Luckmann, 2001). However, it is important to note that integration, or "the process of social adjustment" as Schütz (1944, p. 507) refers to it, is not a one-off event, but rather a "continuous process of inquiry into the cultural patterns on the approached group" (Schütz, 1944, p. 504).

In migration settings, linguistic integration is an asymmetric process in that the host society sees no need or even a danger in the acceptance of a new language, while for the migrants it is a practical necessity, even though it might also be bound to the fear of losing one's own identity. Nevertheless, the acquisition of the language of the host society is perceived as a duty of the newcomers, by which he or she shows loyalty to the host country. In this definition of linguistic integration, which is actually closer to assimilation, the migrants are supposed to differ as little as possible from the majority population and preferably not even use their home language in public. The Council of Europe defines this view as the external definition of linguistic integration and prefers an internal one which takes into account the needs of migrant (groups) and focuses on the change of the individual language repertoires of the migrants. This change can take place on a low level, on which the migrants have insufficient language resources in the majority language. This may lead to self-censorship and avoidance of contact to the majority population. In this case the language of origin has a very dominant role in the identification process. In the case of functional integration, the knowledge of the majority language is just enough for most interactions, however, it might lead to fossilization[6] in the long run. Nevertheless, the language of origin is less relevant for identification then in the case of low-level integration. In the case of "proper" integration of the languages in the linguistic repertoire of the migrants the identity is drawn from both varieties as they are spoken equally well.

> [...] the migrants actively rearrange their repertoires and incorporate the majority language, which then takes its place alongside the languages in which they are already proficient. It is no longer a strain to draw on he as it can now be used naturally, with the speakers shifting between languages depending on the social situation (Council of Europe Project LIAM, 2017).

This linguistic action could also be described as translanguaging in the sense of not only using the different semiotic repertoires available to the multilingual speakers, but also "the capacity of the de-/re-territorialized speaker to mobilize their linguistic resources to create new social spaces for themselves" (Wei & Hua, 2013, p. 519). In this sense "proper" linguistic integration would also go along with symbolic competence, defined as "the ability not only to approximate or appropriate for oneself someone else's language, but to shape the very context in which the language is learned and used" (Kramsch & Whiteside, 2008, p. 664). It is thus the ability to construct (social) meaning in interaction by changing the context playfully according to one's own needs:

> *Symbolic competence could thus be defined as the ability to shape the multilingual game in which one invests—the ability to manipulate the conventional categories and societal norms of truthfulness, legitimacy, seriousness, originality—and to*

---

[6] "Fossilization refers to the process in which incorrect language becomes a habit and cannot easily be corrected" (British Council, 2018).

> *reframe human thought and action (Kramsch & Whiteside, 2008, p. 667).*

This meta-pragmatic awareness contributes to a sense of successful integration since the migrants are able to influence the reality they live in according to their needs. They have been able to relocate their "contour lines of relevance" (Schütz, 1944, p. 504) and to readjust their "stock of experience" (Schütz, 1944, p. 507) and are thus no longer outside the scheme of orientation of the larger society and can consider themselves as the center of their social environment. The present paper will discuss the integration dynamics of Brazilian migrants in Germany drawing on an empirical study conducted by the author.

3. EMPIRICAL STUDY

The empirical study was conducted between May and August 2012. The aim was to gain an insider's perspective on the perception of the current situation of Brazilian migrants in Germany considering their integration process. For this narrative, half-guided interviews were conducted since this method makes an in-depth analysis of the speakers' perspective possible. The content of the interviews referred to the general situation of Brazilians in Germany and more specifically to the role of the acquisition of German in the integration process. The theoretical saturation of the sampling was reached after eight interviews. The language of the interviews was left open to the participants. Since the interviewer – the author of the present article – spoke German, Portuguese and Spanish, all of these varieties were chosen by the participants, depending on the interactive context.

The participants of the study were selected according to their age, gender and length of stay in Germany, in order to compose a representative sample of Brazilians in Germany. Thus the participants of the present study are six women and two men, which are between 30 and 55 years old and have been living in Germany between two and 20 years. Compared to the recent statistics of the Federal Statistical Office (Destatis, 2017) discussed in the introduction, this sample is numerically representative for the all of Brazilians in Germany, because the participants are on average 36 years old, have been living in Germany for about 10 years and are predominantly female.

The participants had to sign a declaration of consent, in which they confirmed that the interviews can be audio recorded, transcribed and cited in academic work in the project about integration of Brazilian migrants in Germany. Certainly, the personal information of the participants has been anonymized to the extent that they cannot be traced back to their personal or institutional affiliation.

The interviews were transcribed and analyzed using the Qualitative Content Analysis (Gläser & Laudel, 2009; Mayring, 1995), in which content categories are developed out of the data. The process is structured by the theory; however, open for changes due to the information extracted from the data set in that the characteristic values of the categories are defined in the process of the analysis.

4. RESULTS

As already mentioned in the introductory section of this paper, the migration motives of the participants of the present study partly overlap with the overall statistics of Brazilians in Germany. Referring to the classification categories according to Lee (1966) the pull factors were: marriage, studies or work, curiosity to get to know other countries, open mentality of the German and better future perspectives. The push factors were: escape from violence, poverty and discrimination. What is not captured in the statistics are primarily the psychologically motivated push factors, which partly correlate with the pull factors such as the open mentality of the Germans, in the sense of being less traditional (as in the case of homosexual relationships), and better future perspectives.

The initial contact with the Germans has not always been perceived very easy and successful by the participants of the study. Instead the Germans have been perceived as „extrem distanziert" (J17) [extremely reserved], hard to understand: „Sim. Ainda não entendi os alemães" (P12) [Yes, I still haven't understood the Germans] and inpatient when trying to speak German:

> „Aber viele Brasilianer kommen ohne Vorkenntnisse.. eh, und sie können ganz wenig und sie beschweren sich dass, ehm, dass sie ohne Deutsch es hier nicht schaffen, dass die Leute einfach... nicht geduldig genug sind um mit ihnen zu/ auf Deutsch zu sprechen." (F20)

> *[But many Brazilians come here without previous knowledge... eh, and they can speak only a little and then they complain, ehm, that they cannot make it here without German, that the people here are just.. not patient enough to speak German with them]*

As the last citation shows, the lack of understanding with the larger society has to do with the bad knowledge of German that most Brazilians have at their arrival. At the same time the experience of unwillingness of Germans to act as language partners does not help in this situation: „Die Deutschen benutzen jede Gelegenheit, die Fremdsprache zu üben." (S24) [The Germans use every opportunity they get to practice a foreign language].

The negative experiences in the interaction with Germans can lead to fear and strong pressure upon oneself:

> *Wenn ich mit Deutschen spreche, lege ich viel Wert auf die Korrektheit und gebe mir viel Mühe. Ich fühle mich gezwungen, gut Deutsch zu sprechen, und fühle mich eher unsicher. [...] Wenn ich mit Ausländern rede, die noch Akzent haben, dann spreche ich besser Deutsch. (S19)*
>
> *[When I speak to Germans, I pay a lot of attention to correctness and try really hard. I feel compelled to speak German well and feel rather insecure. When I talk to foreigners who still have an accent, I speak better German.]*

This fear, it can then lead to avoidance of the use of German as such in order not to seem "stupid":

> *Yo tengo coraje de hablar alemán con las personas que ya conozco [...] porque parezco una tonta hablando, y no soy una*

> *tonta, estoy en un momento especial porque ya hablo tres linguas y consigo comunicarme, no? (C15).*
>
> [And I am tired of speaking German with the people I know [...] because I seem stupid when I speak it, and I am not stupid, I am in a special moment because I already speak three languages and I am able to make myself understood, right?].

Even when the hurdle of learning German is overcome, the participants of the study still have difficulties in creating social networks with the Germans:

> *Man kann die Sprache auch gut beherrschen und trotzdem Schwierigkeiten haben sich mit den Deutschen zu vernetzen (lacht). Es ist nicht einfach, es ist wirklich nicht einfach. Aber es liegt wahrscheinlich auch an kulturellen Unterschieden natürlich. Also man erwartet, dass alles funktioniert wie in Brasilien und dann ist man enttäuscht. Und man erwartet ein bisschen mehr Offenheit, also, ja." (F34)*
>
> [One can speak the language properly and still have difficulties connecting with the Germans (laughter). It's not easy, it's really not easy. But it probably has to do with the cultural differences of course. One expects that everything works like in Brazil and then one is disappointed. And one expects a bit more openness, well yes]

These difficulties are then attributed to the cultural differences between Brazil and Germany and the expectations that the Brazilians come with to Germany and which are then deceived. This initial situation can be identified as the crisis that Schütz (1944) speaks about in his text "The Stranger". It is due to the difference in the relevance systems of the migrants and the difference in the ideas that the migrants have about the host society and the reality there. Drawing back from contact is one possibility to deal with this initial challenge and may lead to falling back upon intra-ethnic networks, which are readily accessible through the internet. Another strategy mentioned by the participants is to affiliate to networks with other foreigners, especially Spanish-speaking migrants, which are perceived culturally closer to Brazilians than the Germans. One of the participants reported to have fallen into social and linguistic isolation in which she did not have contact to anybody apart from her husband and her family and friends in Brazil via internet.

Thus, integration is not perceived to be necessarily linked to good knowledge of German. On the contrary, even without knowledge of German academics and engineers are said to get along perfectly with their knowledge of English in this study. Also married migrants have access to the German society through the partner, even though they might have a different língua franca in the relationship. However, it is reported by the participants, that there can be a danger in the situation in which the Brazilian partner does not learn German, since it can complicate his or her access to the larger society. This isolation of the Brazilian partner is even said to be an intentional strategy by some German men that would like to keep their Brazilian wife to themselves, which is easier when she does not speak German. On the other hand, German is said to be a „Waffe gegen die Brasilianerinnen" (F24) [a weapon against the Brazilian women] in the families of the German husband, in which the Brazilian women are sometimes already discriminated due to their darker skin colour.

In all of these cases, the final outcome would be separation or even marginalization of the migrants from the host society. However, this situation does not have to be the endpoint. Rather it is also possible to overcome these initial difficulties by consciously acquiring new social knowledge. Some participants reported that they have actually been in this situation and then decided to change it intentionally due to too much suffering caused by missing the home country:

> *Mit der Zeit habe ich irgendwie/ weil ich ja, ich hatte Schwierigkeiten irgendwie und dann habe ich gesagt, ‚Ich muss mich ein bisschen anpassen, weil sonst wird es nichts', ja. Und habe ich das in Kopf gesetzt, und dann/ damit ich leben konnte, sonst hätte ich immer ‚Ah, Brasilien! Da will ich leben' und weinen. Konnte ich nicht mehr. Da habe ich gesagt ‚Jetzt du musst du damit aufhören, du lebst jetzt hier.. und du musst schon bisschen mehr integrieren'. (L18)*

> *[With time I somehow/ because I had difficulties and I somehow told myself, ‚I have to adapt a bit, because otherwise it will not work', yes. And I set my mind on it and then/ so that I could live with it, because otherwise I would have always ‚Ah, Brazil! I want to live there' and cry. I could not take it anymore. So I told myself ‚now you must stop that, you live here now.. And you ought to integrate a little.]*

In order to reach this point of making a conscious integration effort, they had to go through an identity crisis which was said to imply a change in their ethnical self-perception as shown in the following quote:

> *Also wir werden von Fremden Leuten als Latinos bezeichnet, aber vor 2004 habe ich nicht gekannt, dass ich Latina bin, ich war immer Brasilianer. [...] Es ist eine Fremdbehauptung, und wann fangen wir Brasilianer an zu denken, ‚Ach, wir sind doch Latinos oder was sind denn die Unterschied? Wann bin ich nicht*

> mehr Latina?' [...] Weil der kulturelle Hintergrund schon sehr ähnlich war. (G28)

> [Well, strangers call as Latinos, but before 2004 I did not know that was a Latina, I was always Brazilian. [...] It's a foreign ascription and then we Brazilians start thinking, ,Well, we actually are Latinos or what are the differences? When am I a Latina?' [...] Because the cultural background was quite similar indeed]

The perception of the result of the integration process by the participants is not becoming exactly like the Germans (which would be assimilation), but rather accepting the differences and instead focusing on the participation in actual activities with the Germans, as shown in the following quote:

> [...] ja, natürlich, ich lebe nicht wie die Deutschen, das ist ganz klar, das wird nie so sein, aber es gibt Sachen die ich auch so mitmache, mit denen. (L19)

> [... yes, of course, I don't live like the Germans, that is obvious, and that will never be that way, but there are things in which I take part, with them.]

This consciousness about the differences in the social knowledge between the interlocutors is actually a facilitator for establishing intersubjectivity by the migrants with the members of the host society (Günthner & Luckmann, 2001). At the same time it is an indicator of having acquired a meta-pragmatic awareness and symbolic competence (Kramsch & Whiteside, 2008) and having become part of the larger society. One of the outcomes of this process is emancipation from intra-ethnic networks, which are not needed as desperately as when the participants perceived themselves as excluded from the host society.

> „Jetzt macht es mir nichts aus, wenn ich Brasilianer höre, dann laufe ich nicht hinterher ‚Hey, Du!', nee, das mache ich nicht, das ist komisch, ne?" (L26)
>
> [Now it does not matter to me when I hear Brazilians, then I don't run after them ‚Hey, you!', no, no, I don't do that anymore and that is funny, isn't it?].

The turning away from the intra-ethnic networks also goes along with a clear distinction from other Brazilians in Germany, which did not take this decision or have different goals in life than the participants of the study:

> [Die Brasilianer hier] haben was anderes im Kopf.. und das/ ich brauch das nicht (lacht). [...] Ja, sie haben was anderes, andere Ziele, die ich/ ich kann damit nicht umgehen. (L13)
>
> [The Brazilians here have something else on their mind.. And I don't need that (laughs) [...] Yes, they have something else, other goals, with which I cannot deal].
>
> [Frauen] die keine Bildung haben und dann irgendwie,'ok, jetzt habe ich einen Deutschen geheiratet [...] Es war jetzt die Lösung ihres Lebens. (G30f.)
>
> [Women that have no education and then they are like 'Ok, now I married a German' [...] That was the solution of her life].

This aspect shows that the Brazilian migrants in Germany is not a homogeneous group, but quite heterogenic within itself. The successful integration also results in a stronger intrinsic motivation to learn German (Clément & Gardner, 2001), which one of the participants links to the plan to stay in Germany.

> *Eu gostaria muito de falar alemão muito bem, e me esforço diariamente para isso... Já que não penso em voltar para o Brasil. (P23)*
>
> *[I would really like to speak German well, and I am trying really hard every day in order to do so... I am not thinking about returning to Brazil anymore.]*

Also a good knowledge of German is said to be a sign of respect towards Germany and a facilitator for the access the society "from the top", in order to be able to work in one's area and have a higher income and social status. Last but not least, good knowledge of German is said to help to make oneself understood properly and have more "democracy in the language":

> „[...] mehr Demokratie in der Sprache [...] Wörter bewusst nutzen und nicht, weil es das Einzige ist, was ich kenne." (S15)
>
> *[...more democracy in the language. [...] Use words consciously and not because that it the only thing I know.]*

This quote is a good definition of "proper" linguistic integration as defined by the Council of Europe in that it rearranges the linguistic repertoire of the speaker and enables translanguaging practices (Li Wei & Zhu Hua, 2013). This "democracy in language" fosters symbolic competence (Kramsch & Whiteside, 2008).

The perception of the integration process of Brazilian migrants in Germany can also be applied to the contextual factors stated by Esser (2006) and discussed in chapter 2.1 in the following way:

The sending context does imply a cultural and social distance, which is perceived by the participants as not easy to overcome:

> „Eu não entendia isso de Besuch. Uma vez na casa de um, uma vez na casa do outro. E se não for assim é uma ofensa. Acho bobagem. Zelten também é um "mito" aqui, e eu não acho algo correto. Penso que vim de um lugar onde acampamento é coisa de situação de desastre (inundação, pobreza etc.). Não é uma brincadeira. Frische Luft é outro conceito irritante. Parece que todos têm ainda aquecimento de carvão em casa... :) Wandern... Quem caminha em São Paulo acaba morto!" (P35)
>
> [I did not understand this thing "Besuch". Once at one's home and once at the home of the other. And if it's not like that it is an offence. I think it's stupid. "Zelten" is also a myth here and I don't think it's right. I come from a place where camping is a thing of disaster (flood, poverty etc.). It's not fun. "Frische Luft" is another irritating concept. It seems like everybody has a cole heating at home... :-) "Wandern"... Who hikes in São Paulo ends up dead.]

The receiving context, however, turns out to be mostly positive, since the stereotypes that Brazilian migrants are confronted with in Germany are quite helpful in the integration process:

> [...] egal, wer du bist und egal, wie gut du die Sprache kannst, auch wenn du nur Englisch sprichst mit den Deutschen hier auf der Straße, du wirst immer begrüßt und ja, Karneval, Fußball, Samba oder Rio de Janeiro, und das ist tatsächlich positiv." (G47)
>
> [... it does not matter who you are, how good you speak the language, even if you speak English with the Germans here on the street, they always say hello and yeah, carnival, football, samba or Rio de Janeiro, and this is actually positive]

Even though the ethnic context of the group offers potentially dense ethnic networks, especially through the usage of the internet, it does not have to be made use of (all the time). It can rather be either a phase in the course of the integration process or a conscious choice at a later stage of integration. In this sense the migrants increase their symbolic competence as they make a conscious decision to integrate into the larger society and go through the crises necessary for doing so. By learning German and consciously seeking interactions with Germans despite their fears, they increase their repertoire of social codes. At the same time they acquire a meta-social consciousness, making it possible for them to perceive and understand culture and society not only from within, but also from outside. Given the demographic composition of Brazilian migrants in Germany – mostly young migrants with long stay and marital intentions – integration in this sense is a realistic and desirable enterprise.

5. FINAL CONSIDERATIONS

The present study has shown that integration of Brazilian migrants in Germany is not perceived as something automatic by the participants, but rather as a conscious effort that has to be taken upon oneself despite the initial difficulties. These difficulties imply a crisis, which has to be overcome in order to restructure one's identity and to gain theoretical and practical social knowledge of the larger society. This knowledge makes it possible for the immigrants to participate in the symbolic game of meaning making with the members of the host society. A "proper" competence of German plays a central role in this ability to move about the larger society, however it is not it's the main constituent. Rather a more general social knowledge in the sense of symbolic competence (Kramsch & Whiteside, 2008, p. 664) seems to be the main factor of integration. The latter seems to include strategies of compensation for the lacking knowledge of German, such as lingua franca communication as well as other cultural and economic capital. Apart from that the consciousness about the differences in the social knowledge between the immigrants and the larger society facilitates the compensation process. The question therefore arises, which mixture of linguistic and other social resources are needed for a successful integration in the host society in each individual case. Further studies would have to be conducted in order to find general tendencies, which could give suggestions to the adaptation of foreign language courses to the needs of different immigrant groups. Also a more differentiated knowledge about the integrational dynamics could contribute to reconceptualization and success of integration policies.

Referências

ANDERSON, J. & CHUNG, Y-C. Community languages, the arts and transformative pedagogy: developing active citizenship for the 21st century. *Citizenship Teaching and Learning,* v.7, n.3, p. 259-271, 2012.

ALBA, R., & NEE, V. (2005). Remaking the American mainstream: Assimilation and contemporary immigration. Cambridge, Mass.: Harvard Univ. Press.

AUSLÄNDERZENTRALREGISTER. (2017, August 24). Retrieved from http://www.bva.bund.de/DE/Themen/Sicherheit/Auslaenderzentralregister/auslaenderzentralregister-node.html

BAMF. (2017, August 24). Integration. Retrieved from https://www.bamf.de/DE/Service/Left/Glossary/_function/glossar.html?lv3=1504494&lv2=5831826

BERRY, J.W. (1980). Acculturation as varieties of adaptation. In A.M. Padilla (Ed.), AAAS selected symposium: Vol. 39. Acculturation: Theory, models and some new findings (pp. 9–25). Boulder, Colo.: Westview Press.

BERRY, J.W. (2011). Integration and Multiculturalism. Papers on Social Representations, (20), 2.1-2.21.

BOURHIS, R., & GAGNON, A. (2007). Préjugés, discrimination et relations intergroupes. In É. Vallières, J. Masson, R.J. Vallerand, D. Roberge, & A. Taillefer (Eds.), Psychologie sociale (5th ed., pp. 707–773). Québec, Montréal: Télé-université; Gaëtan Morin.

BRITISH COUNCIL. (2018). TeachingEnglish. Retrieved from https://www.teachingenglish.org.uk/

BURDEN, B., & NOWOTNY, S. (2009). Cultural translation: An Introduction to the problem. Translational Studies, 2, 196–219.

CLÉMENT, R., & GARDNER, R. (2001). Second language mastery. In W.P. Robinson & H. Giles (Eds.), The New handbook of language and social psychology (pp. 489–504). Chichester: Wiley.

COUNCIL OF EUROPE PROJECT LIAM. (2017). Linguistic Integration of Adult Migrants. Retrieved from www.coe.int/lang-migrants

DESTATIS. (2017). Ausländische Bevölkerung. Retrieved from https://www.destatis.de/DE/Publikationen/Thematisch/Bevoelkerung/MigrationIntegration/AuslaendBevoelkerung.html

ESSER, H. (2006). Sprache und Integration: Die sozialen Bedingungen und Folgen des Spracherwerbs von Migranten. Frankfurt/Main, New York: Campus-Verl.

FISCHER, D. (2006). Studien zur Interkultur: Vol. 1. Spaniens Umgang mit Immigration: Eine Studie zum migrationsbedingten Kulturkontakt (1991 - 2005) [Zugl.: Passau, Univ., Diss, 2006] (1. Aufl.). Passau: Stutz.

GLÄSER, J., & LAUDEL, G. (2009). Lehrbuch. Experteninterviews und qualitative Inhaltsanalyse als Instrumente rekonstruierender Untersuchungen (3., überarb. Aufl.). Wiesbaden: VS Verlag für Sozialwissenschaften.

GORDON, M.M. (1968). Assimilation in American life: The role of race, religion, and national origins (Repr). New York: Oxford Univ. Pr.

GÜNTHNER, S., & LUCKMANN, T. (2001). Asymmetries of Knowledge in Intercultural Communication. In A. Di Luzio, S. Günthner, & F. Orletti (Eds.), Culture in communication. Analyses of intercultural situation. (pp. 55–85). Amsterdam, Philadelphia: John Benjamins.

KECSKES, I. (2014). Intercultural Pragmatics. Oxford: Oxford University Press.

KRAMSCH, C., & WHITESIDE, A. (2008). Language Ecology in Multilingual Settings. Towards a Theory of Symbolic Competence. Applied Linguistics, 29(4), 645–671.

LEE, E. (1966). A Theory of Migration. Demography, 3(1), 47–57.

MAYRING, P. (1995). Qualitative Inhaltsanalyse. In U. Flick (Ed.), Handbuch qualitative Sozialforschung: Grundlagen, Konzepte, Methoden und Anwendungen (2nd ed., pp. 209–213). Weinheim: Beltz, PsychologieVerlagsUnion.

MINISTÉRIO DAS RELAÇÕES EXTERIORES. Brasileiros no mundo: Estimativas populacionais das comunidades. Retrieved from http://www.brasileirosnomundo.itamaraty.gov.br/a-comunidade/estimativas-populacionais-das-comunidades

SCHLACHTER, A. (2016). From "Different" to "Similar". An Experimental Approach to Understanding Assimilation. American Sociological Review, 81(5).

Schütz, A. (1944). The Stranger: an Essay in Social Psychology. American Journal of Psychology, 49(6), 499–507.

Terkessidis, M. (2000). Rotbuch 3000: TB 3002. Migranten. Hamburg: Rotbuch-Verl.

Treibel, A. (2003). Grundlagentexte Soziologie. Migration in modernen Gesellschaften: Soziale Folgen von Einwanderung, Gastarbeit und Flucht (3. Aufl.). Weinheim, München: Juventa-Verl.

Li Wei & Zhu Hua (2013). Translanguaging Identities and Ideologies: Creating Transnational Space Through Flexible Multilingual Practices Amongst Chinese University Students in the UK. Applied Linguistics, 34(5), 516–535.

CAPÍTULO 2

Fronteira linguística permeável: code-switching em duas comunidades para brasileiros no Facebook

Layla Cristina Jochmann,
Europa-Universität Viadrina /
Universidade Federal Fluminense

1. INTRODUÇÃO

Os séculos XIX e XX foram marcados por uma enorme imigração de famílias alemãs para o Brasil, que buscavam melhores condições de vida (ROSENBROCK et al, 2018). No século XXI, entretanto, foram os brasileiros que começaram a migrar para a Alemanha. No contexto europeu, a Alemanha ocupa a 4ª posição no ranking da estimativa populacional de brasileiros na Europa, segundo relatório do Ministério das Relações Exteriores (MRE, 2015), com um total de 85.272 brasileiros registrados nas Embaixadas e Consulados. Segundo Souza (2016), a emigração brasileira para outros países foi consequência da situação política e econômica do Brasil nos anos 80, o que levou muitos brasileiros a procurarem oportunidades de trabalho em outros países. O MRE (2015) aponta que esse número pode ser duplicado se considerarmos os brasileiros não oficialmente registrados e os que têm dupla cidadania e que vivem como europeus.

Apesar da grande comunidade brasileira residente em Berlim (e em outras partes da Alemanha), são poucos os estudos sobre o contato entre as línguas português brasileiro (PB) e alemão (AL) em território alemão. Essa situação difere do grande volume de pesquisas (por exemplo: ALTENHOFEN, 1996; AUER, 1998; DAMKE, 2008) que se debruçam sobre o contato entre as variedades advindas do AL e o PB no Brasil. Com base nessas estatísticas e, diante dos poucos estudos sobre o contato entre o PB e o AL na Alemanha, comecei a acompanhar mais de perto a comunidade migrante brasileira na cidade de Berlim, a fim de observar o contato linguístico entre essas duas línguas.

Minha pesquisa iniciou-se na rede virtual atualmente mais utilizada na internet, o Facebook, onde, em duas comunidades virtuais específicas, Brasileiros em Berlim e Brasileiros e Brasileiras em Berlim , seus usuários entram em contato para compartilhar informações, dúvidas e experiências de vida na cidade de Berlim. Para a análise dos code-switchings encontrados, utilizamos os conceitos de durabilidade, permeabilidade e liminalidade apresentados por Zinkhahn-Rhobodes (2015, 2016), a fim de observar a permeabilidade da "fronteira linguística" entre o PB e o AL manifestada em conversas nessas duas comunidades virtuais.

Inicio este capítulo com uma revisão dos pressupostos teóricos que norteiam essa pesquisa, a saber, bilinguismo, code-switching e fronteira linguística. Em seguida, descrevo a coleta de dados bem como a análise dos exemplos retirados das duas comunidades do Facebook. Por fim, na conclusão, exponho uma breve discussão sobre os casos de fronteira linguística permeáveis que, no corpus, ocorre especialmente entre os limites do morfema e do léxico.

2. CONTEXTUALIZAÇÃO TEÓRICA

2.1. O bilinguísmo e o code-switching

O termo bilinguismo é amplo e intensamente discutido na literatura desde o século XX. Apesar do prefixo latino -bi, que significa dois, não é raro o uso do termo bilinguismo incorporando a ideia de um falante multilíngue. Em pesquisas precursoras, de acordo com Gass & Selinker (2008), o conceito de bilinguismo tomou diferentes rumos.

Pesquisadores sobre Aquisição da Segunda Língua classificavam como bilíngue o falante com proficiência nativa (ou muito próxima da nativa) em duas línguas (por exemplo, Bloomfield, 1935), sendo o bilinguismo o resultado final desse aprendizado. O bilíngue, inserido nessa definição, era a junção de dois monolíngues. Assim, poderia lidar perfeitamente com ambas as línguas passando despercebido entre monolíngues de uma ou outra língua, já que teoricamente possui "o controle de duas línguas de maneira semelhante à do nativo" (BLOOMFIELD, 1935: 56). Valdés (2001) chama esse falante de mytical bilingual e representa a idealizada proficiência em ambas as línguas com "AB". Para a autora, as letras A e B do mesmo tamanho indicam uma proficiência equivalente nas línguas A e B, significando que tudo o que o falante pode realizar em uma língua (como escrever artigos científicos, ler poesias, discutir sobre política, etc.) ele pode realizar também na outra língua (VALDÉS, 2001: 40).

Apesar de teoricamente ser possível desenvolver habilidades equivalentes em ambas as línguas, Valdés (2001) aponta duas razões que tornam praticamente impossível essa competência: (1) os falantes bilíngues raramente têm acesso a duas línguas em contextos exatamente iguais em todos os domínios de interação e, (2) eles não têm a oportunidade de usar duas línguas desempenhando os mesmos papéis com todas as pessoas que eles interagem. Portanto, se se considerar o bilinguismo como o resultado final do processo de aprendizado de uma Segunda Língua (L2) e se se considerar que possuir uma competência nativa numa L2 é um resultado raro, lidar com o termo bilinguismo sob essa visão traz várias dificuldades (GASS & SELINKER, 2008), como a desconsideração das diferentes proficiências do falante em duas ou mais línguas. Nesse sentido, uma parcela muito pequena da população poderia ser considerada como bilíngue.

Já para a psicologia e a educação, o termo bilinguismo pressupunha diferentes níveis de bilinguismo. Como exemplo, Edwards (2006: 7 apud Gass & Selinker, 2008: 25), ao definir o termo bilinguismo, afirma que

Everyone is bilingual. That is, there is no one in the world (no adult, anyway) who does not know at least a few words in languages other than the maternal variety. If, as an English speaker, you can say c´est la vie or gracias or guten Tag or tovarisch – or even if you only understand them – you clearly have some command of a foreign tongue... The question, of course, is one of degree (sublinhado da autora)

Nessa linha, o estudo de Grosjean (1982) destaca-se por defender que a competência bilíngue não pode ser reduzida à justaposição de duas competências monolíngues. Em estudo mais recente, Valdés (2001) defende a existência de vários tipos de falantes bilíngues sendo que suas habilidades em uma ou outra língua se encaixam em um continuum, como ela ilustra na figura 1.

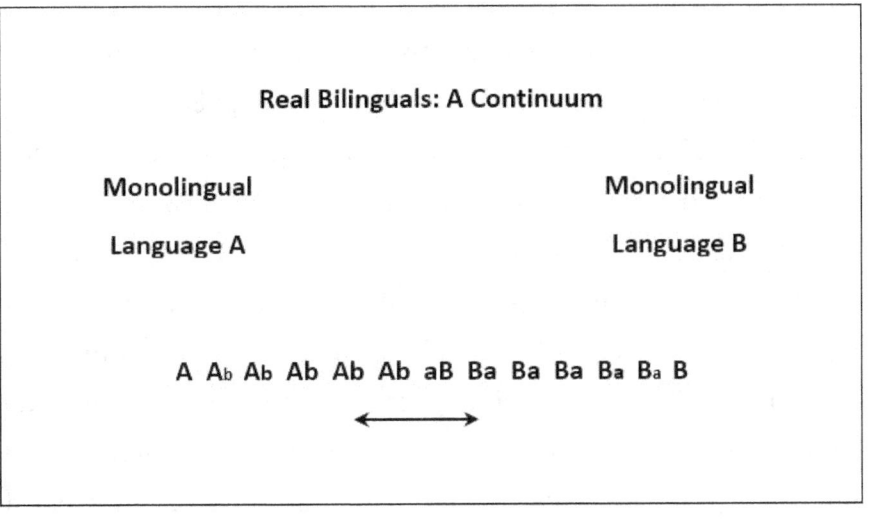

Figura 1: "The Bilingual Continuum" (Valdés, 2001: 41)

Nessa representação proposta pela autora, os diferentes tamanhos de A e B indicam diferentes habilidades na língua A e na língua B. Também Savedra (2009) aponta que, se considerar como bilíngue apenas o falante com igual domínio em duas línguas, exclui-se a grande maioria. A autora propõe, assim,

> que o bilinguismo é um fenômeno relativo; uma condição particular identificada pelo contexto e a forma de aquisição das duas línguas, bem como pela manutenção e abandono das mesmas. Com esta condição particular, os indivíduos bilíngues apropriam-se de dois códigos distintos e os utilizam em determinadas comunidades de fala, em diferentes ambientes comunicativos (familiar, social, escolar e profissional). (SAVEDRA, 2009: 121)

Em sua pesquisa (ver Savedra, 1994 e 2009), após uma intensa retomada bibliográfica dos estudos sobre o bilinguismo e de conferir que os conceitos para bilinguismo propostos pela literatura se mostravam insuficientes, a autora conclui que o bilinguismo é um fenômeno relativo e, assim, apresenta uma nova proposta para o estudo das situações de bilinguismo: a análise dessas situações a partir de uma verificação dos diferentes estágios de bilingualidade. Nesse sentido, a autora distingue bilinguismo e bilingualidade. O primeiro termo se refere a situações em que coexistem, no mesmo espaço social, duas línguas usadas como meios de comunicação. O segundo termo se refere aos diferentes estágios do bilinguismo pelos quais o falante passa durante sua vida, estágios esses "vistos como processos situacionalmente fluídos e [que] definem, de forma dinâmica a bicompetência linguística, comunicativa e cultural nas diferentes épocas e situações de vida" (SAVEDRA, 2009: 128). Também Valdés (2001) defende diferentes estágios de bilingualidade no decorrer da vida do falante bilíngue, dependendo de suas experiências e escolaridade.

Nas últimas décadas, os estudos que tratam sobretudo sobre línguas em contato (por exemplo, Thomason, 2001) se baseiam na noção de bilinguismo e consideram o falante bilíngue como o objeto de pesquisa sobre a interação entre diferentes padrões linguísticos. Em comunidades multilíngues, é comum que os falantes alternem de um idioma para o outro, assim como monolíngues alternam de um estilo para outro.

Conectados ao bilinguismo, desenvolveram-se estudos sobre o code-switching, que, em linhas gerais, é o uso alternado de dois ou mais sistemas linguísticos por um falante bilíngue em uma mesma conversação, e frequente em diálogos entre bilíngues (OLIVEIRA, 2006, 2007). Falantes bilíngues (ou plurilíngues) usam, entretanto, suas diferentes línguas de maneiras diferentes para transmitir suas ideias em uma interação com outros bilíngues por várias razões.

Em qualquer interação verbal monolíngue, o falante altera entre variedades da língua de acordo com fatores sócio-pragmáticos. Em uma conversa entre amigos, por exemplo, os falantes utilizam uma variedade informal, enquanto que em uma entrevista de emprego uma variedade mais formal é utilizada. Já em uma interação envolvendo falantes bilíngues ou plurilíngues, os indivíduos podem optar não apenas pelas variedades de uma língua, mas também por línguas diferentes (OLIVEIRA, 2006). Nesse caso, os falantes não escolhem um código em detrimento de outro, mas podem alterar entre os códigos durante a conversação, utilizando assim o code-switching (POPLACK, 1980).

Durante muito tempo, os estudos linguísticos ignoraram o code-switching. Apenas com a publicação de Blom & Gumperz é que o fenômeno começou a atrair pesquisadores. Nessa obra de 1972, os autores conduziram um estudo sobre o dialeto local e o dialeto padrão em Hemnesberget, uma vila com cerca de 1300 habitantes no norte da Noruega. Os autores buscaram entender o porquê, apesar das muitas semelhanças, e do fato de que a maioria dos habitantes conheciam ambos dialetos, Bokmål (dialeto padrão) e Ranmål (dialeto local) eram mantidos separados. Segundo os autores, a separação linguística entre o dialeto local e o dialeto padrão era condicionado por fatores sociais e, assim, cada variedade passou a ser vista como similar na forma, mas distinta em suas funções sociais (BLOM & GUMPERZ, 1972).

Ainda segundo Blom & Gumperz (1972), em determinadas situações, algumas escolhas linguísticas são mais apropriadas do que outras. Eles apresentaram o que se tornou uma clássica categorização do code-switching em situacional e metafórico. O code-switching situacional se dá na interação quando os códigos utilizados se alteram de acordo com a situação em que os falantes se encontram. Por outro lado, o code-switching metafórico está relacionado à mudança no tópico da interação, mais do que na mudança da situação social. Nesse caso, a escolha do código dá mais destaque ao tópico que está sendo dito, já que a escolha do código subtende certos valores sociais (BLOM & GUMPERZ, 1972). Em 1982, Gumperz reconhece que é geralmente difícil identificar as escolhas linguísticas como situacionais ou metafóricas, e os falantes têm pouca intuição ou reconhecimento de suas próprias alternâncias linguísticas. Assim, passa a adotar a terminologia conversational code-switching.

Gumperz (1982), em sua clássica definição, apresenta o code-switching como a "juxtaposition within the same speech exchange of passages of speech belonging to two different grammatical systems or subsystems" (p. 59). Já Poplack (2001) apresenta o fenômeno como "the mixing, by bilinguals (or multilinguals), of two or more languages in discourse, often with no change of interlocutor or topic" (p.1).

Como aponta Romaine (1989), toda comunidade de indivíduos bilíngues oscila entre os códigos durante a comunicação, fazendo do code-switching a característica principal do discurso bilíngue. Essa proposta é também defendida por Gumperz (1982), quando diz que, além de alternar entre as línguas, os falantes bilíngues numa situação de interação muitas vezes não estão atentos à qual código está sendo usado, já que seu interesse é o efeito comunicativo do que está sendo falado.

Com o avanço dos estudos sobre o code-switching, descobriu-se "a existência de elementos motivacionais discursivos e/ou de natureza sócio-pragmática na realização dos enunciados híbridos, como a identificação étnica e cultural, os papéis na interação, os valores sociais, etc" (SOARES et al, 2012, p. 7). De acordo com Porto (2007), este fenômeno não é aleatório e tampouco é consequência de falta de proficiência nas línguas envolvidas. O enunciado resultante do code-switching possui funções sócio-pragmáticas, estando, então, sujeito a restrições gramaticais. As escolhas linguísticas, nesse sentido, não são arbitrárias, e o uso de uma língua ou outra durante a interação baseia-se em recursos internos à conversação que são observáveis em diferentes contextos sociais (MYERS-SCOTTON, 1993).

2.2. Fronteiras línguísticas

Em sua pesquisa de doutorado, Zinkhahn-Rhobodes analisou manifestações linguísticas resultantes do contato linguístico entre o polonês e o alemão nas cidades de Frankfurt (Oder) e Słubice, localizadas na fronteira entre a Alemanha e a Polônia. A autora observou que o contato entre essas duas línguas gerou formas linguísticas mistas, presentes no dia a dia da comunidade. Essas formas mostram, segundo ela, *"that language use in multilingual contexts provides a scope for permeability between language systems"* (ZINKHAHN-RHOBODES, 2015, p. 230).

O intenso contato entre o polonês e o alemão nesse contexto geográfico fronteiriço, como o observado pela pesquisadora, levou à convergência de estruturas morfossintáticas e, consequentemente, à emergência de formas linguísticas híbridas. A autora define Fronteira Linguística como *"the structural border between two languages systems, mostly phonetically manifested as the site of language switch"* (ZINKHAHN-RHOBODES, 2015, p. 230).

Para a análise dos dados coletados, Zinkhahn-Rhobodes (2016) adaptou o conceito de fronteira dos estudos culturais e literários - que lidam com três dimensões de fronteira: diferenciação (*Differenzierung*), transposição (*Überschreitung*) e criação de áreas de fronteira (*Bildung von Grenzzonen*) - para os estudos linguísticos. Ela propôs uma análise da fronteira linguística entre o alemão e o polonês com base nesses conceitos. Assim, a autora adotou os termos durabilidade (diferenciação), permeabilidade (transposição) e liminalidade (criação de áreas de fronteira) para analisar o caráter das fronteiras linguísticas em seu corpus, com base também em outras pesquisas (como Jungbluth (2012), Hinnenkamp & Meng (2005), Cunha et al. (2012), Rampton (2005)), que investigaram o *code-switching* como uma ultrapassagem da fronteira linguística.

Segundo a pesquisadora (ZINKHAHN-RHOBODES, 2015), durabilidade se refere a barreiras estáveis e concretas entre as línguas. Nesse caso, as barreiras são impermeáveis e não há, entre elas, influência nos níveis fonéticos, morfológicos e sintáticos. A fronteira entre uma língua e outra é claramente observável . Por sua vez, permeabilidade se refere à porosidade observável na fronteira entre uma língua e outra. Nesse caso, apesar de a fronteira entre as línguas ser observável, há permeabilidade, o que permite a ultrapassagem de interferência nos níveis fonéticos, morfológicos e/ou sintáticos. Por fim, liminalidade refere-se a uma área de transição, uma zona fronteiriça, entre uma língua e outra. Nesse espaço liminal, não é possível observar claramente a fronteira entre as línguas. Assim, a diferenciação e a atribuição de traços linguístico para uma língua ou outra se torna difícil

(ZINKHAHN-RHOBODES, 2015).

Para ilustrar as características das Fronteiras Linguísticas, a pesquisadora apresenta três esquemas, reproduzidos abaixo.

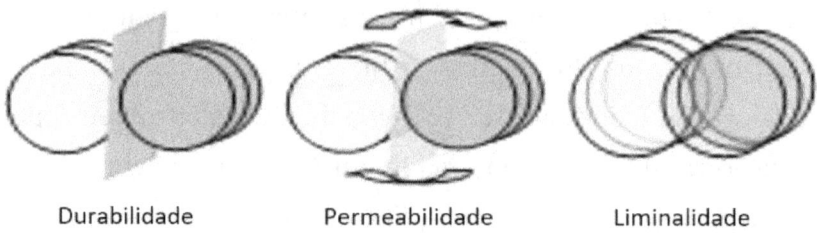

Durabilidade   Permeabilidade   Liminalidade

Figura 3: Durabilidade, permeabilidade e liminalidade na fronteira linguística, segundo Zinkhahn-Rhobodes (2015, p. 234-235)

De acordo com Zinkhahn-Rhobodes (2015, 2016), os três círculos em cada ilustração se referem aos três níveis de análise por ela adotados, a saber: fonético, morfológico e sintático.

Nas seções que seguem, apresento a metodologia adotada para a coleta de dados e a análise do *code-switching* com base nos conceitos de durabilidade, permeabilidade e liminalidade em minha própria pesquisa.

3. METODOLOGIA

Neste pontapé inicial para uma pesquisa mais ampla sobre o contato linguístico entre o PB e o AL, busquei dados linguísticos na rede social Facebook. Mais especificamente, selecionei conversas entre brasileiros em duas comunidades, *Brasileiros em Berlim* e *Brasileiros e Brasileiras em Berlim*, por serem comunidades onde seus membros participam de forma ativa diariamente na troca de informações através de postagens. A primeira comunidade tem 10.599 membros[7] e tem como objetivo "'agrupar Brasileiros de todas as nações' que estão, estiveram ou estarão em Berlin. [...] A comunidade visa, mas não se limita, à troca de experiências e integração além de oferecer um espaço para pessoas se conhecerem e trocarem experiências".

Também a comunidade *Brasileiros e Brasileiras em Berlim*, que tem 11.495 membros[8], tem em sua descrição: "este é um grupo voltado a brasileiros e brasileiras que já residem, já residiram ou desejam residir em Berlim ou simpatizantes desta cidade, visando a troca de informações e experiências e a busca de novas contatos e amizades".

Em ambos grupos virtuais, busquei por publicações que revelam o uso do *code-switching* para compor nosso corpus de análise. Apesar de esses dados estarem disponíveis em um meio de comunicação escrito, a concepção linguística é muito próxima da linguagem falada, fazendo desse gênero textual um gênero híbrido (MARCUSCHI, 2002). Nesse sentido, pode-se supor que fenômenos da fala são reproduzidos nessa interação virtual e os dados obtidos são válidos para uma análise.

---

[7] No dia 19/06/2017.
[8] No dia 19/06/2017.

4. ANÁLISE DOS DADOS

Os *code-switchings* presentes no corpus foram analisados à luz dos conceitos de durabilidade, permeabilidade e liminalidade traçados por Zinkhahn-Rhobodes (2015; 2016). Em trabalho anterior, apresentei uma primeira análise da durabilidade e permebilidade presente nesse mesmo corpus (SOUTO, 2016). Aqui, foco na análise da permeabilidade da fronteira linguística considerando os níveis da morfologia e do léxico, por serem os casos mais recorrentes no corpus.

4.1. Permeabilidade no nível da morfologia

Nos casos de permeabilidade, a fronteira entre as línguas alemã e português brasileiro é permeável. As fronteiras, apesar de ainda serem observáveis como na durabilidade (ver exemplos em Souto, 2016), elas podem ser ultrapassadas, já que *"they constitute a penetrable threshold which enables reciprocal phonetic, morphological and/or syntactic impact between two languages in contact"* (ZINKHAHN-RHOBODES, 2015, p. 234).

No Potuguês há três conjugações verbais "-ar, -er, -ir", enquanto que no Alemão há apenas uma "-en". De acordo com Campos & Cristófaro-Silva (2008), no PB "[a] primeira conjugação é a maior, regular e a única conjugação verbal produtiva do português. Esta é a conjugação que acolhe os estrangeirismos e os neologismos que entram para a língua" (p, 374). Isso é observado no neologismo mais recorrente no corpus, que é formado a partir da raíz do verbo alemão *anmelden* (*registrar*) com a primeira conjugação verbal do PB (-*ar*). Os exemplos seguintes ilustram o uso desse neologismo.

(01) *Eu me <u>anmeldei</u> assim que cheguei aqui, mas acho que tem um prazo pra fazer isso.*
(Eu me <u>registrei</u> assim que cheguei aqui, mas acho que tem um prazo pra fazer isso).

No exemplo (01) acima, o verbo é conjugado na 1ª pessoa do singular do pretérito perfeito simples, como é ilustrado na figura 3:

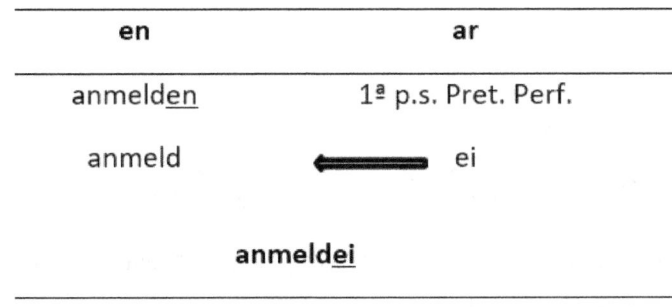

Figure 3: Code-switching dentro do limite do morfema (Souto, 2016: 243)

Também nos exemplos (02) e (03), o neologismo é formado a partir da raíz do verbo *anmelden* com a 1ª conjugação dos verbos em PB, mas, nesses casos, os neologismos aparecem em formas nominais do verbo, no infinitivo impessoal e particípio, respectivamente.

(02) *Preciso me <u>anmeldar</u> mesmo se vou ficar só 3 meses aqui?*
(Preciso me <u>registrar</u> mesmo se vou ficar só 3 meses aqui?)
(03) *Eu estava <u>anmeldado</u> daí fui embora e agora voltei. Tenho que me anmeldar novamente?*
(Eu estava <u>registrado</u> daí fui embora e agora voltei. Tenho que me <u>registrar</u> novamente?)

A fronteira linguística nesses exemplos é mantida, já que a fronteira entre o léxico e o morfema de ambas as línguas ainda podem ser identificadas, mas ela não é durável e pode ser ultrapassada gerando influência de uma língua sobre a outra. De acordo com Souto (2016), apenas falantes de PB inseridos em um contexto onde o AL é falado entendem o significado desse neologismo.

4.2. Permeabilidade no nível do léxico

O exemplo (04) abaixo, ilustra a fronteira permeável, onde o *code-switching* ocorre no nível do léxico.

(04) *Consigo fazer uma outra <u>Ausweis</u> [identidade] alemã e caso sim, preciso pagar alguma taxa? Quando eu for no consulado, além de informar o ocorrido, preciso eu pedir uma nova <u>identidade</u> brasileira?* (Souto, 2016: 240)

Os substantivos em PB podem ser formados a partir de outras

classes de palavras e, quando possuem o sufixo -dade, recebem o traço [+feminino]. No exemplo acima, o léxico identidade é um substantivo formado a partir do advérbio idem (o mesmo) e do sufixo -dade (estado ou qualidade), e recebe, portanto o traço [+feminino]. A palavra correspondente em AL, *Ausweis*, é masculina, *der Ausweis*. Sobre a atribuição dos traços [-feminino] e [+feminino] em palavras emprestadas de outra língua, Freitas et al (2003: 06) afirma que "o traço [- fem] é atribuído por defeito, quando não existe qualquer tipo de motivação formal ou semântica para atribuir o traço [+ fem] à palavra". Todavia, quando há qualquer atração sinonímica (quando a palavra estrangeira é associada a uma palavra vernácula que designa um conceito semelhante), a palavra estrangeira adquire o gênero de sua correspondente. Portanto, o traço [+feminino] é atribuído ao léxico alemão *Ausweis* pela atração sinonímica com sua correspondente em PB, a identidade, o que é ilustrado na figura 4:

A identidade	Der Ausweis
"Idem"+dade	[-fem]
[+fem]	
... uma outra Ausweis alemã.	

Figura 4: Permeabilidade: a identidade/der Ausweis (Souto, 2016: 241)

Na figura 4, é possível observar uma fronteira permeável entre o PB e o AL. Apesar de a informante usar a palavra em AL, *Ausweis*, o gênero se mantém como na correspondente em PB, a identidade.

O mesmo acontece com o exemplo (05) a seguir:

(05) *Alguém sabe onde fica o ponto de ônibus da Flixibus perto da <u>bahnhof</u> de Alexanderplatz?*

No exemplo acima, também a palavra *Bahnhof* possui o traço [-feminino], mas, ao ser inserida na oração, recebe o traço [+feminino] pela atração sinonímica e recebe o gênero de sua correspondente no PB, estação [+feminino], como ilustra a figura 5.

Figure 5: Permeabilidade: a estação/der Bahnhof

Uma palavra alemã muito recorrente no corpus é a palavra *Anmeldung*. Em alemão, todas as palavras que possuem a terminação *-ung* recebem o traço [+feminino], *die Anmeldung*. Ao ser emprestada para o PB, como observado no corpus, ela recebe o traço [-feminino], como nos exemplos (06) e (07):

(06) *... mas sabe que eu não sei se é o motorista que precisa <u>do</u> <u>anmeldung</u>?*
(07) *Pessoal, sou recém chegado e agradeço se puderem me tirar duas dúvidas básicas: pra tirar <u>o</u> <u>Amneldung</u> com o documento do proprietário eu posso ir em qualquer Bürgeramt da cidade ou*

apenas no do meu distrito?

Nossa hipótese é que, assim como acontece nos exemplos (04) e (05), a palavra *Anmeldung*, possui uma correspondente com o traço [-feminino] no PB, o registro. Assim, quando emprestada para o PB, recebe o traço [-feminino] de sua correspondente. O *code-switching*, portanto, ocorre no nível do léxico e a fronteira linguística, apesar de observável, é também permeável, já que há influência de uma língua sobre a outra.

5. CONCLUSÃO

Neste estudo, apresentei uma análise, ainda embrionária, das manifestações de *code-switching* em duas comunidades brasileiras no facebook: *Brasileiros em Berlim* e *Brasileiros e Brasileiras em Berlim*. Adotei, para isso, os conceitos de durabilidade, permeabilidade e liminalidade apresentados por Zinkhahn-Rhobodes (2015; 2016) a fim de observar a Fronteira Linguística permeável entre o PB e o AL no corpus. Considerei apenas a fronteira permeável nos níveis morfológico e lexical por serem os casos mais recorrentes no corpus, nos quais podemos observar interferências entre o PB e o AL.

A permealidade no limite do morfema verifica-se principalmente nos neologismos formados a partir da raíz de verbos em AL com a adoção da 1ª conjugação verbal em PB, -ar. Apesar de recorrente no corpus, os casos de permeabilidade no nível do morfema se resumem a junção da raíz do verbo *anmeld* com a 1ª conjugação verbal do PB. Já no limite da palavra, a permeabilidade é observada principalmente no uso de palavras em AL sendo que o traço [-feminino] ou [+feminino] é atribuído de acordo com a palavra correspondente em PB.

Como vimos em Soares et al (2012), elementos motivacionais discursivos e/ou de natureza sócio-pragmática motivam a elaboração de enunciados híbridos. Em nosso corpus, comprovamos que o fenômeno do *code-switching* não é aleatório já que a recorrência do *code-switching* acontece quando as escolhas linguísticas se referem (principalmente) às questões burocráticas da Alemanha, comprovando, assim, que os enunciados híbridos são sócio-pragmaticamente motivados. Acreditamos que isso acontece também pelo corpus ter sido formado a partir de conversas em duas comunidades para brasileiros no Facebook, onde os participantes muitas vezes interagem para trocar informações sobre as questões burocráticas que perpassam a vida na Alemanha. Por outro lado, essas escolhas linguísticas não demonstram falta de proficiência nas línguas, pelo contrário, os enunciados resultantes do *code-switching* estão sujeitos a restrições gramaticais. O uso dos conceitos de durabilidade, permeabilidade e liminalidade são um recurso para investigar como as restrições gramaticais das línguas envolvidas configuram o *code-switching* entre elas.

Essa pesquisa abre as portas, portanto, para o estudo da fronteira linguística entre o PB e o AL em outros contextos de comunicação.

Referências

ALTENHOFEN, Cléo Vilson. Hunsrückisch in Rio Grande do Sul. Ein Beitrag zur Beschreibung einer deutschbrasilianischen Dialektvarietät im Kontakt mit dem Portugiesischen. Stuttgart: Steiner, 1996.

AUER, Peter. From Code-switching via Language Mixing to Fused Lects: Toward a Dynamic Typology of Bilingual Speech. In: InLISt Interaction and Linguistic Structures, n. 6, set/1998, pp. 1-28.

BLOM, Jan-Petter; GUMPERZ, John. Social meaing in linguistic structure: Code-switching in Norway. In J. Gumperz, & D. Hymes (Eds.), Directions in sociolinguistics. New York: Holt, Rinehart and Winston, 1972.

BLOOMFIELD, Leonard. Language. London: Motilal Banarsidass Publ., 1935.

CAMPOS, Carlo Sandro de Oliveira; CRISTÓFARO-SILVA, Thais. Abertura vocálica em verbos irregulares do português. Alfa, São Paulo, v. 52, n. 2, 2008, pp. 371-390.

CUNHA, Conceição et al. (eds.) Über Granyen sprechen. Mehsprachgkeit in Europa und der Welt. Würzburg: Königshausen & Neumann, 2012.

DAMKE, Ciro. O Brasildeutsch como fator de conservação da língua alemã no Brasil. Revista Trama, v. 4, n. 7, 1º Semestre, 2008, pp. 115-123.

FREITAS, Tiago; RAMILO, Maria Celeste; SOALHEIRO, Elisabete. O processo de integração dos estrangeirismos no português europeu, CELGA, 2003.

GASS, Susan; SELINKER, Larry. Second language acquisition: an introductory course. New York: Routledge Taylor & Francis, 2008.

GROSJEAN, François. Life with two languages: an introduction to bilingualism. Cambridge, MA: Harvard University Press, 1982.

GUMPERZ, John. Discourse strategies. Cambridge, UK: Cambridge University Press, 1982.

HINNENKAMP, Volker; MENG, Katharina (eds.). Sprachgrenzen überspringen. Sprachliche Hybridität und polykulturelles Selbstverständnis. Tübingen: Narr, 2005.

JUNGBLUTH, Konstanze. Aus zwei mach eins: switching, mixing, getting different. In: JANCZAK, Barbara; JUNGBLUTH, Konstanze; WEYDT, Harald. (eds.). Mehsprachgkeit aus deutscher Perstpektive. Tübingen, 2012.

MARCUSCHI, Luiz Antônio. Gêneros textuais: definição e funcionalidade. In: DIONISIO, A. P.; MACHADO, A. R.; BEZERRA, M. A. (Orgs.) Gêneros textuais e ensino. Rio de Janeiro: Lucerna, 2002.

MRE – Ministério das Relações Exteriores. (2015). Estimativas populacionais das comunidades brasileiras no Mundo – 2015 (números atualizados em 29/11/2016). Disponível em: <http://www.brasileirosnomundo.itamaraty.gov.br/a-comunidade/estimativas-populacionais-das-comunidades> . Acessado em: <07.06.2017>

MYERS-SCOTTON, Carol. Social motivations for codeswitching: Evidence from Africa. Oxford: Clarendon Press, 1993.

POPLACK, Shana. Sometimes I'll start a sentence in Spanish y termino en español: toward a typology of code-switching. Linguistics, 18, 1980, pp. 581-616.

PORTO, Renata Sobrino. Os estudos sociolingüísticos sobre o code-switching: uma revisão bibliográfica. Revista Virtual de Estudos da Linguagem – ReVEL. Vol. 5, n. 9, agosto/2007.

RAMPTON, Ben. Crossing: Language and ethnicity amoung adolescents. Manchester: St. Jerome Press, 2005.

ROMAINE, Suzanne. Bilingualism. Oxford: Basil Blackwell, 1989.

ROSENBROCK, Emilia; FRITZEN, Maristela; HEINIG, Otília. (Inter)relações entre práticas de letramentos na escrita de narrativas em alemão e em português por crianças que vivem em contexto de alemão como língua de herança familiar. Pandaemonium, São Paulo, v. 21, n. 33, jan. abr. 2018, pp. 136-164.

SAVEDRA, Mônica. Bilingüismo e bilingualidade: o tempo passado no discurso em língua portuguesa e alemã. Rio de Janeiro - UFRJ, Faculdade de Letras, Tese de Doutorado, 1994.

_____. Bilinguismo e bilingualidade: uma nova proposta conceitual. In: SAVEDRA, M.M.G. & SALGADO, A.C. Sociolingüística no Brasil: uma contribuição dos estudos sobre línguas em/de contato. Rio de Janeiro: 7 Letras, 2009, pp. 121-140.

SOARES, Mariana; DORNAS, Juliana; COSTA, Alexandre; SALGADO, Ana Claudia. A alternância de códigos no contexto da educação bilíngue: code-switching, code-mixing e as transferências linguísticas. Revista Gatilho, Ano VII, v. 15, 2012. Disponível em: <http://www.ufjf.br/revistagatilho/files/2012/11/15-soares.pdf> Acesso em 22.08.2015.

SOUTO, Layla Cristina. Português brasileiro e alemão em contato em duas comunidades virtuais. Caderno de Letras da UFF, n. 53, 2016, pp. 231-246.

SOUZA, Ana. Is Brazilian Portuguese being taught as a community or heritage language? Language Issues, v. 27, n. 1, Summer 2016, pp. 21-27.

THOMASON, Sara G. Language contact: an introduction. Edinburgh: Edinburgh University Press, 2001.

VALDÉS, Guadalupe. Heritage language students: Profiles and possibilities. In: J. Peyton, D. Ranard, and S. McGinnis (eds) Heritage language in America: Preserving a national resource. Washington, DC: Center for applied Linguistics, 2001.

ZINKHAHN-RHOBODES, Dagna. The permeability of language borders on the example of German-Polish language mixing. In: ROSENBERG, Peter; JUNGBLUTH, Konstanze; ZINKHAHN RHOBODES, Dagna (Eds.) Linguistic construction of ethnic borders. Frankfurt am Main: Peter Lang, 2015.

_____. Sprechen entlang der Oder? Durabilität, Permeabilität und Liminalität der sprachlichen Grenzen am Beispiel der deutsch-polnischen Sprachroutine. Frankfurt am Main: Peter Lang, 2016.

CAPÍTULO 3

O POLH na Itália – A descoberta do espaço linguístico

Ana Luiza Oliveira de Souza, Universidade de Pisa, Itália / Daniela Mascarenhas Benedini, Universidade do Estado da Bahia, Brasil

1. INTRODUÇÃO

A busca do espaço linguístico e cultural pelas diversas comunidades de imigrantes que vivem na Itália é um tema atual e controverso no que se refere à execução das políticas linguísticas vigentes no país. No entanto, não obstante os obstáculos enfrentados nas últimas décadas, esta população vem se organizando na tentativa de encontrar caminhos profícuos para a manutenção entre seus descendentes das suas línguas de herança (chamadas de lingua d'origine [língua de origem] pelo Ministério da Educação Italiano). Neste contexto, as minorias lusófonas vêm sendo contempladas através do trabalho majoritário de voluntários brasileiros, que se mobilizam com o intuito de criar espaços de socialização e/ou ensino da língua portuguesa. Os primeiros projetos de Português como Língua de Herança (POLH) na Itália foram criados na região da Toscana, e datam de 2014. Atualmente, encontram-se em funcionamento doze iniciativas em sete regiões do país, que desde outubro de 2016 vêm atuando como um grupo de trabalho colaborativo.

Como parte integrante de dois projetos existentes na península itálica, nós, as autoras desta pesquisa, nos propomos a documentar o percurso de formação da rede de iniciativas POLH, as suas conquistas e desafios, e discutir o seu papel na manutenção e promoção da língua portuguesa na diáspora brasileira. Desse modo, esperamos que as reflexões aqui postas possam contribuir para a construção de políticas linguísticas de ensino do português brasileiro (PB) na Itália, não somente como POLH, mas também como português como língua estrangeira (PLE).

O presente artigo está organizado em quatro partes. Primeiramente, apresentamos um breve panorama sobre as discussões acadêmicas mais emergentes acerca do que vem a ser uma língua de herança. Em seguida, discorremos sobre as leis ministeriais em vigor na Itália referentes às línguas de origem e a sua importância no processo de integração e inclusão da segunda geração na escola e na sociedade. A seguir, traçamos a trajetória do trabalho realizado pela rede de iniciativas POLH – Itália para garantir o direito à preservação da identidade cultural e linguística das comunidades lusófonas. Por fim, tecemos as considerações finais refletindo sobre os desafios que impactam no futuro dessas iniciativas.

2. A LÍNGUA DE HERANÇA

O termo língua de herança é usado para identificar línguas que não sejam a língua (ou línguas) dominante(s) em um dado contexto social, porém ainda não há um consenso sobre o seu uso. Por isso, outros termos são correntes na literatura, como primeira língua, língua de comunidade, língua nativa, língua materna, língua do lar, língua autóctone e língua de origem (VALDÉS, 1995).

Segundo as discussões acadêmicas em torno desta designação, duas definições têm sido debatidas. Uma definição limitada, proposta por Valdés (2001), que considera o falante de língua de herança, no contexto dos Estados Unidos, como um "indivíduo que cresceu numa família cuja língua falada não foi o inglês, um indivíduo que fala ou simplesmente entende sua língua de herança e que em algum grau é bilíngue em inglês e nesta língua" (p. 38). Uma definição mais abrangente defendida, por Van Deusen-Scholl (2003), que apresenta os falantes de língua de herança (LH) como "um grupo heterogêneo que abarca desde fluentes nativos a não-falantes, que poderão estar a gerações de distância, mas que se sentem culturalmente ligados à língua" (p. 221). Outros autores, a exemplo de Carreira (2004), Dressler (2010) e He (2010), mencionam ainda que os laços afetivos, os traços identitários com a cultura da LH e os sentimentos de pertença a uma determinada comunidade parecem ser fatores decisivos na definição do perfil dos aprendiz de LH, relegando para um quase segundo plano o nível e as características da proficiência linguística.

Para fins deste estudo, definimos como aprendizes de POLH os filhos de luso-falantes que vivem no exterior e apresentam diferentes níveis de competência em português ou manifestam conexões de cunho identitário com as línguas-culturas de seu passado familiar e migratório. Isto posto, torna-se necessário destacar que ao tratarmos do POLH, ou de qualquer outra LH, não estamos diante de um conceito de língua abstrato, mas afinados a uma concepção de língua que deve ser vislumbrada a partir de "[...] um conjunto de variáveis, interseções, conflitos, contradições, socialmente constituídos ao longo da trajetória de qualquer falante", como defendem César e Cavalcanti (2007, p. 61). A língua assume um viés performático que irá representar as demandas dos seus falantes; portanto, a sua compreensão está atrelada às condições sociais nas quais eles estão imersos e, principalmente, ao valor simbólico que eles atribuem a esta língua.

Mendes (2004) sustenta ainda que não é possível dissociar a língua da cultura quando se trata de experiências de contato intercultural, uma vez que a língua é "uma lente através da qual enxergamos a realidade que nos circunda" (p. 162) e, por isto, ao usá-la, não apenas comunicamos pensamentos, acontecimentos ou sentimentos, mas compartilhamos a nossa forma de ver o mundo quando interagimos com o outro. Assim, a autora assume que a denominação *língua-cultura* representa melhor a fronteira porosa entre língua e cultura que não nos permite separar os limites entre elas.

De acordo com essa perspectiva, Mendes (2015) defende que a denominação língua-cultura de herança (LCH) é mais apropriada e propõe uma definição, ainda em caráter provisório.

> Uma *língua-cultura de herança* (LCH) seria um modo de ser e de viver em uma língua, em processo contínuo de desenvolvimento, a qual é em parte familiar ao sujeito que a aprende, e em parte estranha, e que constrói, com outras línguas de nascimento, um espaço de inserção do sujeito no mundo através da linguagem. É a língua que contribui para conformar a identidade linguística do sujeito, juntamente com outras línguas que o revelam ao mundo. Essa LCH ancora-se não na ideia de uma referência nacional ou espaço particular apenas, nem em uma variedade de uso apenas, mas sim nos modos como os participantes das interações nessa LCH interpretam o mundo à sua volta, partilhando com o aprendiz muitos modos de negociação cultural. De modo geral, a aproximação e o desenvolvimento da LCH são marcados pelas relações de afeto e pelas projeções que o aprendiz faz sobre a cultura, a língua e as memórias das pessoas do seu convívio. (MENDES, 2015, p. 85, grifo da autora).

A definição proposta pela autora nos chama atenção para a necessidade de termos um olhar multidimensional sobre a manutenção e o ensino-aprendizagem das línguas de herança. Ao considerar que a LCH é também uma língua em parte estranha para o aprendiz porque coexiste com outras línguas de nascimento, Mendes desmistifica a ideia de que a LH seja totalmente familiar ao aprendiz. Aqui acrescentamos ainda que a LCH pode coexistir com outras línguas de convívio familiar posterior, no caso de crianças adotadas em circunstância em que nenhum dos pais é de origem lusófona. Desse modo, a LH para esse falante perde substancialmente o seu caráter familiar e, na maioria das vezes, é silenciada. Consequentemente deve-se estar atento para o fato de que a LCH, nessa circunstância ou em outras similares, apresenta-se muito mais estranha ao aprendiz.

Ainda sobre o trecho supracitado, Mendes nos alerta sobre as variedades linguísticas e culturais que coexistem numa LCH, por isso a importância de considerarmos os significados atribuídos pelo sujeito-aprendiz ao interagir nesta língua. Isso nos faz refletir sobre a carga de subjetividade envolvida, assim como a dimensão social e cultural sob as quais diferentes significados podem ser atribuídos e ditos nesta língua. Desse modo, a manutenção e o ensino da LH, seja em contexto familiar, seja em situações de ensino-aprendizagem, devem estar ancorados nas experiências e interpretações do sujeito acerca do contato/conflito entre as línguas e culturas em questão.

Diante deste breve panorama sobre algumas discussões mais emergentes acerca do que vem a ser uma LH, ratificamos aqui a complexidade da sua manutenção e ensino em situação de contato/conflito com outras línguas dominantes, tendo em vista que tal percurso envolve questões que vão além da simples transmissão e aprendizagem de seus aspectos linguísticos.

3. LÍNGUAS DE HERANÇA NAS POLÍTICAS LINGUÍSTICAS ITALIANAS

A Itália, a partir da primeira década do século XXI, transformou-se em um dos principais destinos de migração entre os países europeus. Segundo os dados do ISTAT (Istituto Nazionale de Statistica Italiano) em janeiro de 2017[9], os estrangeiros residentes no país eram contabilizados oficialmente em 5.046.994 e representavam 8,3% sobre uma população total de 60.589.445. A permanência desses imigrantes tende à estabilidade como ocorre em outros países da União Europeia conforme já indicavam os dados no censo da população italiana em 2001[10]. Neste censo, cerca de 60% estrangeiros viviam ao menos cinco anos na Itália, enquanto um terço, há pelo menos dez anos. Um dos principais fatores para justificar tal situação é decorrente do crescimento no número de casamentos binacionais (quando um dos cônjuges é italiano). Como indicam os dados mais atuais de 2015 [11], o número de ocorrências de casamentos binacionais alcançou 24.000, ou seja, 12.4% do total de 194.377 matrimônios celebrados na Itália.

No que concerne à segunda geração de origem imigrante, observa-se um aumento significativo do número de crianças, por exemplo, entre os filhos de casais binacionais que no ano de 2015 chegam aproximadamente a 101.000. No mesmo ano, os nascimentos provenientes de casais de estrangeiros e casais binacionais correspondiam, juntos, a 30,5% do número dos nascimentos no país[12]. No entanto, é importante notar que o número de menores compreende uma gama muito maior, tendo em vista a diversidade

---

[9] Disponível em < http://dati.istat.it/Index.aspx?DataSetCode=DCIS_POPSTRCIT1> Acesso em Nov. 2017.
[10] Disponível em < http://www.dossierimmigrazione.it/docnews/file/E3%20Dossier%202004(1).pdf > Acesso em Nov. 2017
[11] Disponível em < http://www.istat.it/it/files/2016/11/matrimoni-separazioni-divorzi-2015.pdf?title=Matrimoni%2C+separazioni+e+divorzi+-+14%2Fnov%2F2016+-+Testo+integrale.pdf >, Acesso em Nov. 2017
[12] Disponível em < http://www.istat.it/it/files/2016/11/Statistica-report-Nati.pdf >, Acesso em Nov. 2017

desta população. Como ressaltado por Favaro (2012), além dos menores nascidos na Itália de casais estrangeiros e casais binacionais, há os menores trazidos pelas reunificações familiares, ou seja menores que chegaram ao país após a estabilização dos pais e familiares, os que chegaram sozinhos e estão sob a responsabilidade de projetos educativos, os menores refugiados e os menores por adoção internacional.

Diante deste quadro sociodemográfico, não é difícil concluir que as questões sobre a migração na Itália não remetem somente à história de imigração recente no país, mas também à formação em curso de uma segunda geração de imigrantes, na qual as crianças são mais expressivamente representadas que antes. Assim, a sociedade italiana se vê diante de um fenômeno estrutural o qual suscita discussões sobre seus aspectos econômicos e políticos e os seus desdobramentos sócio- pedagógicos e sociolinguísticos, diante dos desafios de proporcionar a integração dessas crianças, considerando o repertório linguístico-cultural trazido por elas.

Nesse contexto migratório policêntrico no qual 196 nacionalidades estão representadas (ISTAT, 2017) e um número significativo de 130 línguas de origem já foram mapeadas, nos interessa, particularmente, conhecer quais as políticas linguísticas correntes na Itália que as amparam e de que modo essas leis vêm favorecendo a integração e inclusão da segunda geração na sociedade e na escola, principalmente, por ser este o segundo ambiente de maior socialização das crianças depois da família.

Nas políticas da União Europeia (UE), como afirmam Extra e Yagmur (2002) e Bagna (2006), as minorias linguísticas recentes não são contempladas, embora apresentem o potencial para modificar, em medidas e formas diferentes, o espaço em que os seus falantes vivem, trabalham e estudam. Diferentemente das minorias linguísticas históricas (como a catalã, albanesa, grega, croata, eslovena, germânica, croata, franco-provençal e provençal) - que se tornaram relativamente bem protegidas em termos jurídicos por programas e políticas educacionais afirmativas -, as minorias linguísticas recentes não dispõem de medidas legais que protejam, por exemplo, o seu ensino nas escolas. Além disso, não há um quadro referencial comum para ambas as tipologias de línguas de minorias - históricas e recentes - em decorrência da diferença de status político e a escassez de orientações e diretrizes em relação às línguas dos imigrantes.

Segundo Bagna (2006):

> As políticas europeias no domínio das línguas deveriam de fato incidir sobre as escolhas de ensino da língua e divulgação das línguas nos vários países da Europa, todavia os documentos mais importantes do Conselho da Europa (...) ao mesmo tempo que promovem uma grande abertura para as línguas e o plurilinguismo, bem como para a aprendizagem permanente e o desenvolvimento de competências diversificadas em vários idiomas, parecem limitar suas ações a uma declaração de intenções. (BAGNA, 2006, p. 503-504)

Observa-se, desse modo, que falar sobre a proteção das minorias significa entrar no campo de ação e de gestão política linguística europeia que há alguns anos promove o plurilinguismo, mas nem sempre parece responder de fato às intenções expressas nos documentos oficiais ou fornecer, aos países que compõem a União, as disposições precisas para a aplicação das informações fornecidas. Na Itália, as discussões sobre as políticas linguísticas emergem no início da década de 80 devido ao grande fluxo migratório na Europa e o livre comércio entre os países membros da UE. O Decreto Presidencial do Governo Italiano (D.P.R.) nº.722 de 1982[13] visa colocar em prática as Normativas da Comunidade Europeia ditadas na Lei nº. 486 de 1977[14]. Assim, o D.P.R. n. 722/1982 defendia as seguintes normativas: a) promover o ensino da língua e cultura do país de origem, coordenando-o com o ensino das matérias obrigatórias, incluindo-as no plano de estudo (art. 2); b) prever, para a atuação, medidas de cooperação com os representantes diplomáticos dos países de origem dos alunos de famílias imigradas (art. 4).

O D.P.R. declara a importância do apoio que as escolas na Itália poderiam oferecer para o ensino da língua e da cultura dos países de origem restrito àqueles pertencentes a UE. Essa regulamentação educacional também estava baseada na ideia de que o tempo de permanência dos imigrantes seria temporário. Assim como os italianos emigravam e retornavam ao seu país de origem, também outras comunidades de imigrantes poderiam permanecer por um tempo determinado na Itália.

---

[13] Disponível em <http://www.edscuola.it/archivio/norme/decreti/dpr722_82.html> Acesso em 5 Mar. 2018.
[14] Disponível em <http://docplayer.it/46770206-Scuola-italiana-e-bambini-stranieri-indice-tematico-della-normativa-di-riferimento.html> Acesso em 5 Mar. 2018.

No que diz respeito à educação dos filhos de imigrantes não pertencentes à UE, somente quatro anos mais tarde, com a Lei n. 943/1986,15 o programa educativo visando ao perfil linguístico é regulamentado. De acordo com o artigo 35 (Atividade de suporte e de integração escolar), estão previstas atividades voltadas ao apoio e à integração dessa população a fim de: a) adaptar o ensino da língua italiana e das outras matérias de estudo às específicas exigências do aluno; b) promover o ensino da língua e cultura do país de origem, coordenando-o com o ensino das matérias obrigatórias, incluindo-a no plano de estudo.

A partir dos anos 90, inúmeras Circulares Ministeriais foram legiferadas, demonstrando assim o interesse do Estado italiano de que suas políticas linguísticas estivessem de acordo com as políticas europeias e com a própria lei italiana. A título de exemplo, na Circular n. 205, 1990 La scuola dell'obbligo e gli alunni stranieri. L'educazione interculturale (O ensino obrigatório e os alunos estrangeiros. A educação intercultural)16, encontra-se pela primeira vez o conceito de educação intercultural com o objetivo declarado de "mediação entre as diversas culturas trazidas pelos alunos: mediação não reduzida às contribuições culturais diversas, mas a partir da qual se faça uma comparação contínua e produtiva dos diferentes modelos". Trata-se de uma abordagem mais consistente da educação intercultural fundamentada nos princípios de prevenção e luta contra o racismo e todas as formas

---

[15] Decreto Presidente Repubblica 10 settembre 1982, n. 722. Disponível em <http://www.edscuola.it/archivio/norme/decreti/dpr722_82.html >Acesso em 18 nov. 2017
[16] Circolare Ministeriale 26 luglio 1990, n. 205. Disponível em:
<http://www.edscuola.it/archivio/norme/circolari/cm205_90.html> Acesso em Dez. 2017

de intolerância, não fazendo distinção entre estudantes estrangeiros e italianos.

Mais adiante, a Lei 40/1998 Art. 36 Istruzione degli stranieri. Educazione interculturale (Instrução dos Estrangeiros. Educação Intercultural)17, que regula a imigração e a condição do estrangeiro, enfatiza no subparágrafo 3 o compromisso da comunidade escolar de promover e incentivar iniciativas que respeitam e protegem a cultura e a língua de origem e a criação de atividades interculturais comuns. No que diz respeito às leis regionais, seguem outros exemplos: Lei Regional da Umbria - Lei n. 18 de 1990, Art. 14; a Lei Regional das Marcas - Lei n. 13 de 200918, Art. 10; a Lei Regional da Toscana Lei n. 29 de 2009 19, Art.5 que versam sobre a mesma temática quanto às políticas de integração em cada região.

Não obstante a existência de decretos ministeriais e leis regionais italianas em prol da integração escolar dos filhos de imigrantes, do respeito e proteção e/ou ensino da língua e cultura do seu país de origem, na prática tais normas e regulamentos não são aplicados efetivamente. Como bem sabemos, as conquistas legais, embora sejam um passo importante para assegurar os direitos civis, nem sempre são cumpridas por motivos diversos.

---

[17] Disponível em < https://archivio.pubblica.istruzione.it/normativa/1998/l040_98.shtml> Acesso em Dez. 2017
[18] *Legge Regionale 26 maggio 2009, n. 13.* Disponível em:
<http://www.consiglio.marche.it/banche_dati_e_documentazione/leggirm/leggi/visualizza/vig/1613>
[19] *Legge regionale 08 giugno 2009, n. 29.* Disponível em <http://www.regione.toscana.it/-/norme-per-l-accoglienza-l-integrazione-partecipe-e-la-tutela-dei-cittadini-stranieri>Acesso em: Dez. 2017

Segundo Portera (2013), o conceito de pedagogia intercultural, ainda que tenha sido introduzido tardiamente nas leis de política linguística da Itália em relação a outros países da Europa (por exemplo, Inglaterra, França, Alemanha e Bélgica), apresenta-se de forma mais consistente pelo fato de ter usufruído das experiências e dos erros cometidos nos países antecessores. Ou seja, na literatura científica e nos documentos ministeriais, a diversidade é considerada como um fenômeno social e a educação intercultural como uma consequência pedagógica que se refere sempre a favor de todos os alunos presentes na sala de aula, italianos e estrangeiros. No entanto, o mesmo autor argumenta que ainda existe na Itália uma grande lacuna entre a teoria e prática. Em suas palavras:

> na prática escolar italiana, a pedagogia intercultural não se aplica como prevista nos documentos políticos: muitos professores a compreendem como uma pedagogia especial endereçada somente para as crianças imigrantes; além de recursos econômicos, faltam possibilidades de verificação ou de supervisão para os professores e tudo é deixado ao livre arbítrio dos diretores ou professores (...) Muitos acreditam ainda que "fazer intercultura" significa somente conhecer e apreciar outras culturas, comidas e comportamentos exóticos. (PORTERA, 2013, n.p).

Em consonância com a análise de Portera (2013), a pesquisa realizada por Benedini (2015), na cidade de Cremona, Itália, entre os anos de 2013 e 2014, também aponta as discrepâncias entre a teoria e a prática. A autora afirma que entre as dez escolas públicas às quais os sujeitos de seu estudo tiveram acesso no seu percurso escolar (dos 3 aos 16 anos de idade), apenas duas realizaram uma única atividade que fez referência às diversas línguas e culturas presentes na escola, conforme os relatos das mães e dos filhos. Coincidentemente, tratou-se de uma festa étnica no final do ano letivo de 2014, proposta em duas escolas distintas, em que as crianças deveriam trazer um prato típico e apresentar uma música ou dança que representasse o seu país de origem.

Nesse sentido, Benedini (2015) nos chama a atenção para o fato de que a ação pedagógica acima descrita tem, em sua abordagem, uma visão folclórica da cultura em que elementos como música, culinária, dança, são trazidos à tona de maneira exótica, contradizendo veementemente o verdadeiro significado da pedagogia intercultural. Além disso, ressalta que se trata de uma atividade sem nenhuma correlação com o currículo escolar, tendo em vista que a sua preparação não foi contemplada por nenhuma disciplina específica ou projeto pedagógico interdisciplinar. A atividade tampouco pode ser caracterizada como uma ação desencadeadora de discussões futuras, uma vez que foi realizada no encerramento do ano letivo. Enfim, a autora conclui que a condição de invisibilidade das línguas e culturas de herança ainda é perene nas escolas italianas, ao mesmo tempo em que as ações pedagógicas em prol da educação intercultural são na sua maior parte localizadas e surgem de acordo com o interesse e/ou disponibilidade do corpo docente de cada escola.

Acerca dos projetos desenvolvidos em contexto escolar italiano e que visam o reconhecimento das línguas de origem, Favaro (2012) declara que alguns projetos significativos com a elaboração de novos materiais para diferentes fins vêm sendo desenvolvidos. A título de exemplificação, seguem algumas contribuições elencadas pela autora: a) a distribuição de cartazes e folhetos nas diversas línguas no primeiro momento de acolhimento dos alunos e da família; b) o uso de questionário plurilíngue com objetivo de colher informações sobre a capacidade lógico–matemática e o nível de compreensão textual na língua de origem; c) a produção de fábulas bilíngues ou multilíngues com objetivo de que todos os alunos tenham acesso ao amplo patrimônio narrativo e reconheçam a escrita de diferentes alfabetos; d) a elaboração de trabalhos durante o ano que exploram a riqueza e variedade de línguas na classe a partir dos temas abordados no currículo da escola. Por outro lado, a referida autora nos alerta para o fato de que, em geral, as línguas de herança são ignoradas nas escolas:

> Quando os estudantes estrangeiros chegam na Itália, sua língua desaparece de repente, está ausente dos locais das escolas e das reuniões e muitas vezes é solicitado que eles as esqueçam para acolherem o italiano. Algumas línguas de origem pelo menos são evocadas, reconhecidas (o espanhol, por exemplo); outras são completamente ignoradas e vistas como estranhas, distantes em suas formas e escritas "bizarras" (...) ainda que nestas línguas alguns alunos tenham concluído seu percurso de alfabetização no país de origem. (FAVARO, 2012, p. 259).

Observa-se, desse modo, que se por um lado, a divulgação e a popularidade da forma de intervenção intercultural sejam talvez a mais elevada no âmbito europeu (e mundial), não somente na literatura científica, mas também no sistema escolar e nos documentos ministeriais (PORTERA, 2013), por outro lado, as práticas escolares italianas, via de regra, ainda reforçam exclusivamente o ensino e aprendizagem da língua italiana L2, a assimilação da cultura dominante e a invisibilidade das línguas e culturas de origem de crianças bilíngues e jovens imigrantes.

Não obstante o aumento crescente do número de alunos imigrantes inscritos no sistema escolar italiano, que no ano de 2015/2016 representavam quase 815.000 dos quais 60% era de segunda geração (MIUR, 2016) 20, a manutenção e o ensino das línguas de herança na Itália vêm sendo promovidos, em grande parte, por iniciativas da sociedade civil. Em outras palavras, por imigrantes que são pais e mães preocupados em deixar seu legado linguístico e cultural para seus filhos. O crescimento de associações de imigrantes é notório, principalmente, nas grandes capitais italianas; no entanto, a busca por um espaço linguístico e cultural entre os diferentes grupos de imigrantes vem sendo observado também nas pequenas cidades.

O trabalho desenvolvido por esses grupos consiste em uma série de ações que vão desde reuniões com os seus compatriotas a articulações políticas junto aos órgãos públicos locais e suas respectivas embaixadas. Aqui nos atemos a discorrer sobre a rede de iniciativas POLH na Itália, considerando o seu percurso de atuação que envolve suas ações pedagógicas e políticas.

4. REDE DE INICIATIVAS POLH- ITÁLIA

---

[20] Disponível em
<http://www.istruzione.it/allegati/2017/Notiziario_alunni_Stranieri_nel%20sistema_scolastico_italiano_15_16.pdf > Acesso em Dez. 2017

As iniciativas de POLH na Itália surgiram recentemente, mais precisamente no ano de 2014, quando dois projetos idealizados por duas mães brasileiras, desejosas em passar a sua herança linguística e cultural para os próprios filhos, foram criados na região da Toscana. Desde então, outros projetos vêm sendo implementados, também por mães, em sua maioria, e por alguns outros membros da comunidade de brasileiros. Atualmente, encontram-se em funcionamento doze iniciativas de POLH (ver Mapa 1) em 7 regiões do país, a saber: Piemonte, Lombardia, Vêneto, Toscana, Lácio, Campânia e Calábria.

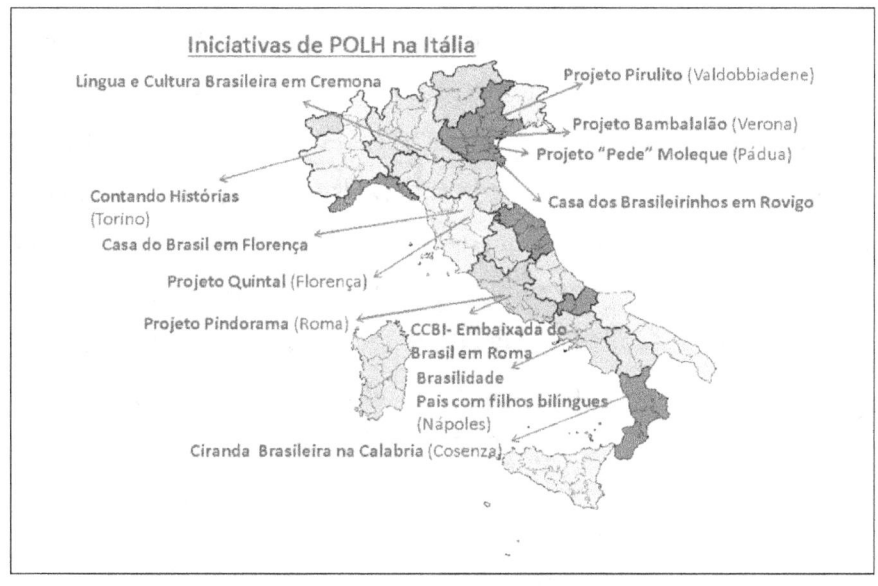

Mapa 1: Iniciativas de POLH na Itália
Fonte: elaborado pelas próprias autoras.

O surgimento dessas iniciativas por parte da comunidade de brasileiros reflete o fato dos brasileiros constituírem a maioria absoluta da população de imigrantes lusófonos, estimada em 1,1%

no território italiano (ISTAT, 2017[21]). Diante deste fato, o nosso objetivo com este estudo consiste em entender como essas iniciativas surgiram e as atividades que desenvolvem. Com este fim, realizamos um levantamento de dados no período de outubro de 2016 a novembro de 2017, que corresponde ao primeiro ano de trabalho em conjunto das iniciativas, com todas as doze iniciativas representadas no mapa acima. Os dados aqui expostos foram analisados a partir de uma abordagem interpretativista cujo propósito é estudar as coisas em seus cenários naturais, tentando entender ou interpretar os fenômenos em termos dos significados que as pessoas a eles conferem. Devido às limitações impostas à realização desta pesquisa, não foi possível visitar as iniciativas de POLH in loco. No entanto, consideramos que o material empírico aqui disponível seja suficiente para atender ao nosso objetivo de documentar a trajetória inicial desses grupos, a partir da perspectiva de suas idealizadoras. Desse modo, nos atemos às respostas de dois questionários online enviados em momentos distintos, abril e novembro de 2017. Essas respostas são apresentadas e analisadas nas duas seções que se seguem: (4.1) o surgimento dos projetos e a criação de uma rede, e (4.2) as linhas de ação que possuem em comum.

4.1. O Surgimento dos Projetos e a Criação de uma Rede

---

[21] Disponível em <http://www.tuttitalia.it/statistiche/cittadini-stranieri-2017/> Acesso em dezembro 2017.

O trabalho voluntário das mães, inicialmente realizado isoladamente em suas respectivas localidades, passa a ganhar força a partir da parceria com o projeto de POLH Mala de Herança, Munique, coordenado por Andréa Menescal. A Mala de Herança trazia consigo, além de contação de histórias, seminários sobre educação bilíngue, ministrados também por sua coordenadora. As visitas frequentes desse projeto, durante o ano de 2015, tanto à comunidade de Florença quanto às outras iniciativas no norte da Itália, fortaleceram os grupos de mães a seguirem adiante. Essa nova dinâmica de funcionamento não somente ampliou as discussões acerca da importância do bilinguismo em contexto de imigração para as famílias, como também diversificou a metodologia de trabalho com as crianças para o formato de contação de histórias.

Além disso, a participação de duas mães, responsáveis por suas iniciativas no II SEPOLH[22] em 2015 foi determinante para conhecer o universo POLH na Europa. Neste evento, elas tiveram a oportunidade de compreender as linhas de ações que envolvem a criação de um projeto pedagógico nesta área, trocar experiências com outras associações em funcionamento há mais tempo e discutir os caminhos administrativos, entraves burocráticos e políticos.

---

[22] O Simpósio Europeu sobre o Ensino de Português como Língua de Herança (SEPOLH) é um evento bienal realizado desde 2013. Ele congrega representantes de organizações brasileiras atuantes na Europa com o intuito de compartilhar seus conhecimentos e suas experiências relativas ao ensino de POLH. Ver site <http://www.sepolh.eu> Acesso em Dez. 2017.

A partir de outubro 2016, em um evento promovido pelo Elo Europeu[23] e a Casa do Brasil em Florença, as iniciativas passam a atuar como um grupo de trabalho colaborativo. Este encontro é considerado o início da formação da rede de iniciativas POLH-Itália, que desde então vem desenvolvendo múltiplas linhas de ações orientadas para a sensibilização das famílias sobre a importância do POLH, a formação e capacitação em serviço dos educadores, a produção científica, o ensino-aprendizagem do português, a organização de eventos, a construção de rede de relacionamentos e a promoção de ações políticas.

As iniciativas POLH-Itália estão sob a responsabilidade administrativa e pedagógica de treze brasileiras imbuídas pelo objetivo comum de assegurar um espaço linguístico e cultural de socialização em língua portuguesa de modo a propiciar aos pais e às crianças múltiplas possibilidades de interações e vivências nesta língua. As suas atividades, sejam os cursos de POLH ou os encontros lúdico-pedagógicos, funcionam em espaços polivalentes de bibliotecas, salas de paróquias ou de escolas públicas e associações italianas; apenas um dos cursos é realizado na sede do CCBI-Roma.

4.2. As Linhas de Ação em Comum

---

[23] Elo Europeu de Educadores de Português como Língua de Herança, https://www.eloeuropeu.org

O projeto pedagógico das iniciativas, ainda em vias de construção, vislumbra uma abordagem intercultural para a manutenção do POLH. Conforme a interpretação dos dados, as ações pedagógicas desenvolvidas convergem para o diálogo entre as línguas e culturas em contato de modo que as crianças possam estabelecer relações de semelhanças e diferenças e, ao mesmo tempo, (re)significar suas próprias atitudes acerca do fato de serem bilíngues e biculturais. Para atingir tais objetivos, o planejamento de ambas as modalidades - cursos e encontros lúdico-pedagógicos POLH - tem na ludicidade e na contação de histórias seu principal aporte metodológico pela importância que os jogos, as brincadeiras e a literatura desempenham na infância, conforme indicado no gráfico 3.

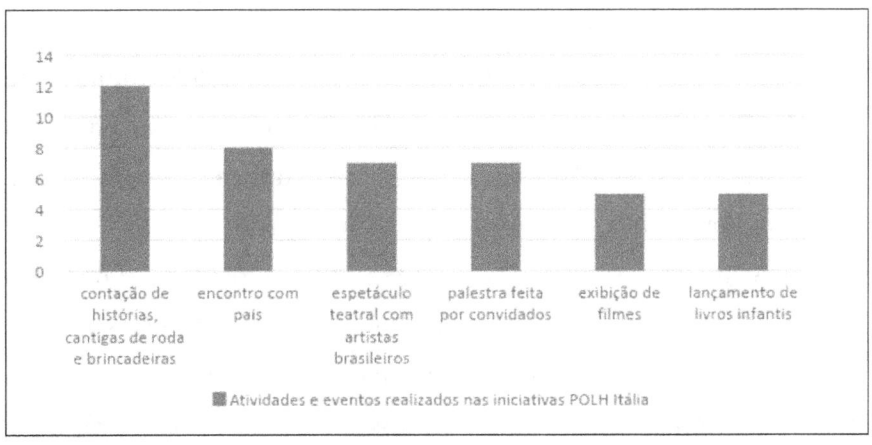

Gráfico 3: Atividades e eventos realizados pelas inciativas POLH – Itália.
(Questionário 1, pergunta 16)

Em todas as iniciativas, as atividades regulares contemplam contação e leitura de histórias, cantigas de roda, além das brincadeiras e jogos populares de larga tradição em várias culturas.

Nessas atividades as crianças são levadas a socializar-se, a respeitar as regras, a explorar a própria criatividade, ao mesmo tempo em que exercitam uma série de habilidades como contar, raciocinar, associar ideias e palavras. Por isso, o ato de brincar e de ouvir histórias em língua portuguesa tem sido uma fonte de aprendizagem e de interação para as crianças e também para os pais. Além disso, é importante destacar que a realização de empréstimo de livros foi indicada por 8 das 12 iniciativas, na opção – Outros - para esta pergunta. Embora as responsáveis afirmem que o acervo é pequeno, já é possível disponibilizar às crianças livros de literatura infantil em língua portuguesa.

Conforme indicado no gráfico 3, além das atividades regulares, são realizados eventos, seja para toda a família – espetáculos teatrais e lançamentos de livros - ou, em particular, para os pais – encontros e palestras com convidados para tratar de temas relacionados ao POLH. Esses eventos são organizados em parceria entre as iniciativas: desde o contato com os artistas, escritores e pesquisadores brasileiros até a divulgação e as tarefas administrativas referentes ao alojamento e deslocamento dos convidados. Até o momento da pesquisa, em média, somente quatro iniciativas não conseguiram realizar esses eventos devido à falta de financiamento e/ou ao pequeno número de famílias brasileiras que frequentam os projetos em certas localidades. Em relação às temáticas exploradas nos encontros e cursos de POLH, encontram-se datas cívicas e festivas do calendário brasileiro, em contraponto com o italiano, as questões de identidade em contexto multicultural, e temas referentes à geografia e à história do Brasil.

De acordo com os relatos das responsáveis, os pais reconhecem a importância dos temas propostos, como também dos projetos para a socialização em língua portuguesa, antes restrita ao contexto familiar, e acrescentam ainda que aprendem novas estratégias de manutenção e aperfeiçoamento da LH que vêm sendo inseridas no seu cotidiano.

Em todas as doze iniciativas espalhadas pela Itália foram realizados, no período de outubro/2016 a novembro/2017, um total de 79 encontros lúdico-pedagógicos e 152 encontros com aulas de português, nos quais 248 famílias foram contempladas com a participação de 285 crianças e adolescentes. No entanto, é importante ressaltar que a participação da comunidade brasileira nos projetos é diferenciada como indicado no gráfico 4.

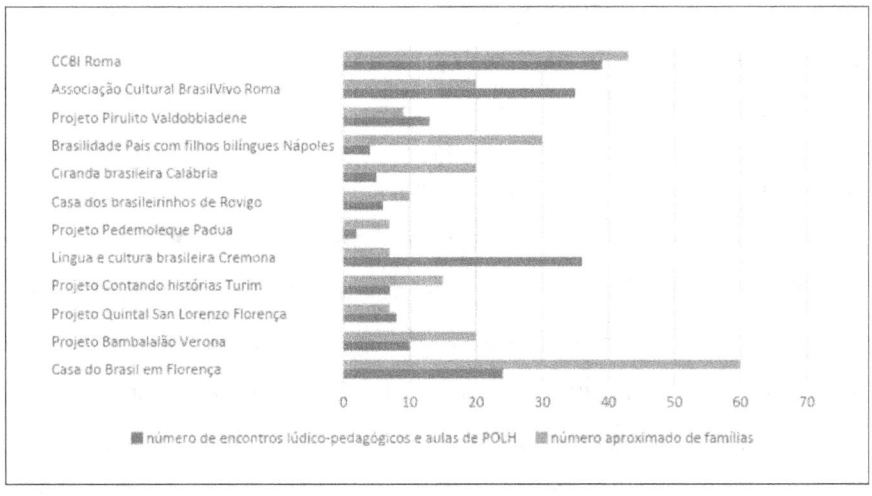

Gráfico 4: Registro do número de famílias e encontros (Questionário 2, perguntas 2 e 3)

Conforme os dados, os projetos receberam de 7 a 60 famílias durante o período de outubro/2016 a novembro/2017: até 10 famílias em 5 projetos, de 15 a 30 famílias em outros 5 projetos e acima de 30 famílias em apenas 2 projetos. Essa diferença entre o número de famílias participantes ainda é um dado que precisa ser melhor investigado, tendo em vista, por exemplo, que a presença de brasileiros varia entre as localidades. Sobre esses dados é possível afirmar que, embora a participação das famílias ainda seja modesta em 10 projetos, todas as responsáveis indicam a crescente adesão das famílias neste período, na maioria das iniciativas, em decorrência da maior visibilidade das ações realizadas em colaboração. A promoção de eventos (por exemplo, lançamentos de livros infanto-juvenil, espetáculos teatrais, oficinas temáticas e palestras para os pais), além das atividades desenvolvidas regularmente, assim como a participação das iniciativas em eventos junto à comunidade acadêmica, à embaixada do Brasil em Roma e aos municípios - vem chamando a atenção das comunidades lusófonas, em particular a brasileira, para a importância da manutenção do POLH.

Não menos importantes são as ações em prol da capacitação em serviço das responsáveis pelas iniciativas, tendo em vista que nem todas são especialistas na área de educação. Neste período, além da criação do Grupo de Estudo POLH-Itália online, cujo objetivo é a leitura e discussão de textos acadêmicos, três educadoras participaram de cursos de formação de POLH e a maioria já participou de pelo menos uma oficina de trabalho nesta área. Além disso, duas delas vêm desenvolvendo pesquisa in loco cujos temas versam sobre a produção de material didático POLH para adolescentes e a aquisição do POLH em contato com italiano.

O trabalho articulado da rede de iniciativas POLH-Itália junto à Embaixada do Brasil em Roma também merece destaque devido aos resultados já alcançados neste curto período, a saber: a) o encaminhamento de três cartas de referências assinadas pelo Embaixador Ricardo Neiva Tavares e enviadas aos prefeitos das cidades de Valdobbiadene, de Verona e de Florença em dezembro de 2016 que possibilitaram aos projetos POLH dessas localidades a obtenção de salas para dar seguimento a realização das suas atividades e b) a participação do Cônsul-Geral do Brasil em Roma, Afonso Carbonar, no I Encontro Nacional de Iniciativas e Educadores POLH na Itália, realizado em parceria com o Elo Europeu.

No que concerne a visibilidade das iniciativas POLH entre os órgãos públicos italianos locais, três delas já conseguiram apresentar seus projetos à Secretaria de Educação ou à Assessoria de Comunicação da prefeitura com resultados positivos. Segundo o relato das participantes, os gestores públicos demonstraram interesse em realizar parcerias e dois deles assumiram o compromisso de viabilizar investimento financeiro para os projetos da sua localidade em 2018. Além disso, as bibliotecas públicas locais vêm sendo contatadas diretamente para a leitura bilíngue de histórias – três iniciativas já participaram desta modalidade.

Não obstante as conquistas alcançadas, as responsáveis pelas iniciativas estão cientes dos obstáculos ainda a serem vencidos. A disponibilidade de espaço físico, por exemplo, é um deles, embora a solicitação de quatro salas tenha sido atendida neste período, além das já existentes. Outra dificuldade remete à ausência de financiamento para a realização dos projetos: desde a aquisição de materiais a produção de eventos, além de cursos e oficinas de formação na área POLH para as educadoras. Conforme os dados gerados neste estudo, somente 50% das iniciativas dispõe de equipamento tecnológico (televisão, CD player, computador, projetor, DVD), livros de literatura infanto-juvenil e material de papelaria. Consequentemente, as responsáveis fazem uso dos seus próprios recursos materiais e financeiros para viabilizar a realização das atividades.

Associado aos aspectos supracitados, a pouca visibilidade das línguas de origem na sociedade italiana e, principalmente, nas escolas, assim como a falta de informação dos pais quanto à importância da LH e do bilinguismo são questões que ainda precisam ser trilhadas e merecem toda a atenção de todos aqueles que estão envolvidos com o POLH, direta ou indiretamente.

5. CONSIDERAÇÕES FINAIS

Neste artigo, propusemos documentar os caminhos percorridos pela rede de iniciativas POLH em busca de um espaço linguístico e cultural para as comunidades lusófonas na Itália. Para compreender suas ações pedagógicas e políticas neste contexto de migração, discorremos acerca das políticas linguísticas em vigor, suas práticas e não práticas para o ensino e manutenção das línguas de origem.

No âmbito das políticas linguísticas italianas constatamos que existem algumas linhas de ações significativas: os dispositivos legais apoiam e tutelam as línguas minoritárias, regulamentando o seu valor e função comunicativa; no entanto, percebe-se que o terreno ainda não é fértil para as ações voltadas a difundir, dentro das próprias comunidades de imigrantes ou autóctones, o reconhecimento e a consciência da importância do bilinguismo em contexto de línguas minoritárias, sejam elas históricas ou recentes. No que concerne o contexto escolar, observa-se que a integração dos imigrantes e as ações a favor da visibilidade de sua língua-cultura de herança vêm sendo feitas de forma superficial, em sua maioria, e contam, sobretudo, com mobilizações voluntárias e localizadas, ao invés de iniciativas políticas centralizadas. Além disso, nota-se que a formação em serviço dos professores para a educação intercultural é ainda um desafio para os setores acadêmicos e ministeriais. Desse modo, consideramos que os decretos e leis assumiram um aspecto duplo. Por um lado, legitimam a valorização da língua-cultura de origem para alunos italianos e estrangeiros a favor do diálogo entre as diferenças e incentivam a apreciação e a aceitação das culturas diversas. Por outro lado, a pedagogia intercultural na prática versa para as aulas de reforço de italiano L2 e a assimilação da cultura dominante.

No caso específico da manutenção e ensino do POLH, identificamos que os desafios também são muitos e apenas poderão ser vencidos através do diálogo não somente entre as iniciativas POLH na Itália como rede de colaboração, mas também dentro da própria sociedade italiana e seus órgãos governamentais.

Nesse sentido, a comunidade de brasileiros tem buscado, por meio dessas iniciativas, unir esforços a fim de compreender quais são as vias de acesso para a implementação de projetos socioeducativos que sejam reconhecidos e financiados pelas autoridades locais, como previsto pela a Lei 40/1998 Art. 36, subparágrafo 3, já mencionado na seção 3. De acordo com os dados levantados neste estudo com as responsáveis pelas doze iniciativas, o trabalho consiste em sensibilizar os órgãos públicos das cidades onde atuam e conscientizar a comunidade lusófona, em particular, a brasileira para a importância de ações socioculturais e educativas efetivas em prol da promoção, socialização e ensino da língua portuguesa.

Durante este primeiro ano de atuação em colaboração, os resultados apontam avanços significativos, a saber: a) conquista de espaços públicos cedidos pelos órgãos ligados às prefeituras das cidades para o funcionamento das iniciativas; b) maior visibilidade dos projetos na sociedade a respeito do número de convites para participação em eventos locais seja com a realização de atividades nas bibliotecas municipais seja com a apresentação dos seus projetos em encontros acadêmicos; c) maior representatividade no Conselho de Cidadãos de Roma e Milão, com a participação de quatro iniciativas; d) maior engajamento das idealizadoras dos projetos para a formação e pesquisa na área de POLH – investimento pessoal na participação de cursos e oficinas, além da criação do Grupo de Estudo POLH-Itália online e da realização de pesquisa in loco em duas iniciativas. Além disso, essa rede de iniciativas realizou o I Encontro Nacional de Iniciativas e Educadores POLH na Itália através do qual foi possível obter a atenção e o apoio institucional da Embaixada do Brasil em Roma para que divulgasse e promovesse com mais veemência o POLH na diáspora, através de seus canais de informação.

Enfim, a aproximação dessas iniciativas foi importante não somente para vislumbrar um projeto nacional de POLH na Itália, como também para enriquecer as ações pedagógicas desenvolvidas em cada projeto com a organização de lançamentos de livros infanto-juvenil, espetáculos teatrais, oficinas temáticas e palestras para os pais, perfazendo um total de 43 eventos, neste primeiro ano de trabalho colaborativo. A determinação deste grupo e amplitude de suas ações políticas e pedagógicas resultaram, sobretudo, no aumento do número de famílias que se aproximaram dos projetos – cerca de 248 famílias – e no desdobramento de dois cursos de POLH em duas iniciativas no período referente a este estudo.

Consideramos, portanto, que a manutenção e o ensino do POLH no contexto de migração italiano vêm trilhando um caminho promissor pelo menos no que concerne ao trabalho articulado da sociedade civil. Porém, a superação dos desafios postos às minorias lusófonas, assim como às outras minorias linguísticas, tendo em vista as dificuldades do governo italiano em garantir o cumprimento das políticas linguísticas em vigor, exige o engajamento não somente da sociedade civil, mas também o envolvimento e compromisso dos países de origem dos imigrantes.

AGRADECIMENTOS

As autoras agradecem a todas as instituições que participaram desta pesquisa pela generosidade em compartilhar suas histórias e também por autorizarem que seus nomes fossem mencionados neste capítulo.

Referências

BAGNA, C. R. Mappe geolinguistiche e prospettive di ricerca in aree multilingui. In: Regione Toscana: Pianeta Galileo, 2006. p. 501-508. Disponível em: http://www.consiglio.regione.toscana.it/upload/PG/documenti/atti_galileo_06_v_02_bq.pdf Acesso em: setembro 2017.

BENEDINI, D. R. M., O Português como Herança na Itália Línguas e Identidades em contato. 2015.177 f. Tese (Doutorado em Língua e Cultura) Instituto de Letras da Bahia, Universidade Federal da Bahia. Bahia. 2015.

CARREIRA, M. Seeking Explanatory Adequacy: A Dual Approach to Understanding the Term "Heritage Language Learner" Heritage Language Journal 2(1), 2004. Disponível em: http://www.heritagelanguages.org/. Acesso em: setembro 2017.

CÉSAR, A; CAVALCANTI, M. Do singular para o multifacetado: o conceito de língua como caleidoscópio. In: CAVALCANTI, M.; BORTONI-RICARDO, S. (Org.). In: Transculturalidade, linguagem e educação. Campinas, SP: Mercado de Letras, 2007. p. 45- 66.

DRESSLER, R. "There is no space for being German": Portraits of Willing and Reluctant Heritage Language Learners of German. Heritage Language Journal, 7(2) Fall, 2010. Disponível em: http://www.heritagelanguages.org/ . Acesso em: setembro 2017.

EXTRA, G.; YAGMUR, K. Language diversity in multicultural Europe Comparative perspectives on immigrant minority languages at home and at school. Paris, Fr: United Nations Educational, Scientific and Cultural Organization (UNESCO), 2002. Disponível em:

http://unesdoc.unesco.org/images/0012/001291/129117e.pdf
Acesso em: agosto 2017.

FAVARO, G. Parole, lingue e alfabeti nella classe multiculturale. Italiano Lingua Due, n. 1, p. 251-262, 2012.

HE, A. W. The heart of heritage: sociocultural dimensions of heritage language learning. Annual Review of Applied Linguistics, v. 30, p. 66-82, 2010.

MENDES, E. Abordagem comunicativa intercultural (ACIN): uma proposta para ensinar e –aprender língua no diálogo de culturas. Tese (Doutorado em Linguística aplicada) UNICAMP, Campinas, SP, 2004.

MENDES, E. Ensino e formação de professores de português como língua de herança (PLH): revisitando ideias, projetando ações. In: CHUALATA, K. B. (org.). Português como língua de herança: discursos e percursos. Lecce: Pensa MultiMedia Editore, 2015. p. 79- 100.

PORTERA, A. Manuale di pedagogia interculturale. Laterza, 2013. Arquivo Kindle.

VALDÉS, G. The teaching of minority languages as foreign languages: Pedagogical and theoretical challenges. Modern Language Journal 79, p. 299-328. 1995.

_____. Heritage language students: profiles and possibilities. In: PEYTON, J. K.; RANARD, D; A.; McGINNIS, S. Heritage language in America: preserving a national resource. Long Beach: Center of Applied Linguistics, 2001. p. 37-77.

VAN DEUSEN-SCHOLL, N. Toward a definition of heritage language: Sociopolitical and pedagogical considerations. Journal of Language, Identity, and Education, v. 2, n. 3, p. 211– 30, 2003.

CAPÍTULO 4

Mobilidade acadêmica brasileira para Portugal: uma estratégia viável para a formação de redes associativas e diáspora acadêmica?

Thais França e Beatriz Padilla
ISCTE, Centro de Investigação e Estudos de Sociologia,
Instituto Universitário de Lisboa, Portugal

1. INTRODUÇÃO

No contexto internacional da mobilidade acadêmica, desde o final dos anos 1990, Portugal tem-se tornado um destino muito procurado por estudantes, acadêmicos/as e instituições brasileiras para a realização de atividades de formação, desenvolvimento de projetos de investigação conjuntos e promoção de encontros internacionais. São inúmeros os motivos que estão na base dessa cooperação, desde os laços históricos que atravessam os dois países, a proximidade linguística, o aumento dos investimentos em programas de internacionalização da academia e da ciência feitos tanto pelo lado do Estado português, principalmente a partir da criação da Fundação para Ciência e Tecnologia em 1995, e os fundos destinados à educação superior e ao desenvolvimento acadêmico disponibilizados pela União Europeia, como pelo lado do Estado brasileiro que desde a década de 1990 implementa ações focadas no desenvolvimento do sistema de pós-graduação no país e no aumento da oferta de bolsas de estudos para o exterior (HOSTIN, 2006; FRANÇA & PADILLA, 2016).

Por conta da crescente intensificação do intercâmbio acadêmico entre os dois países, novos estudos têm surgido para analisar suas principais características e possíveis desdobramentos (FONSECA, et. al 2016; FRANÇA & PADILLA, 2016; IORIO, 2014). Contudo, essas investigações enfocam principalmente em questões ligadas à mobilidade estudantil e acadêmica e sura relação com as políticas migratórias, descuidando das políticas relacionadas com a diáspora científica.

Reconhecendo o papel fundamental das redes e associações internacionais de acadêmicos/as como uma estratégia de consolidação dos objetivos da mobilidade internacional no que diz respeito a circulação de conhecimento, fortalecimento do sentimento de diáspora, manutenção de laços com o país de origem, este capítulo almeja analisar o papel das redes e associações acadêmicas nas experiências de investigadores/as e estudantes brasileiros/as no exterior, especificamente em Portugal. Para tanto, metodologicamente recorre à análise de entrevistas em profundidade conduzidas com 10 acadêmicos/as do Brasil a realizar suas atividades em Portugal, com um representante de uma das principais e mais antigas associações de imigrantes brasileiros/as no país que se ocupa da problemática de imigração brasileira desde uma perspetiva mais geral (Casa do Brasil de Lisboa), um representante de uma associação de estudantes e pesquisadores com foco principalmente em questões acadêmicas (APEB-Coimbra) e representantes da embaixada brasileira em Portugal e do consulado brasileiro na cidade do Porto.

2. A MOBILIDADE ACADÊMICA ENTRE BRASIL E PORTUGAL

Ao longo dos últimos 20 anos, a mobilidade acadêmica entre Brasil e Portugal ganhou um novo impulso devido a vários e complexos motivos. Esta tendência tem antecedentes históricos relevantes, entre eles o passado colonial que liga os dois países e a tradição existente desde o Brasil-colônia, que continuou após sua independência até o século XX, de envio dos/as filhos/as da elite econômica para dar continuidade aos estudos em Portugal, em virtude da inexistência de universidades no país. Um outro fator que propicia essa mobilidade é o idioma em comum (ANÍSIO,1989; SANTOS & ALMEIDA FILHO, 2000).

Na atualidade ressalta-se o fato de que a partir de finais dos anos 1990, Portugal vivenciou um dos períodos mais relevantes para o desenvolvimento da ciência nacional: a consolidação da agência nacional de fomento à investigação científica denominada

Fundação para Ciência e Tecnologia (FCT), o estabelecimento do processo de avaliação internacional dos centros de investigações e das produções acadêmicas, a criação de novos postos (embora precários) para investigadores/as, cientistas e docentes e os investimentos em programas de internacionalização e cooperação acadêmico-científica internacional, principalmente com fundos Europeus (FCT, 2016; HASANEFENDIC, 2016; PINA-CABRAL, 2011; SOUSA, 2000).

Quase concomitantemente, durante o início dos anos 2000, o Brasil experimentou um crescimento significativo dos investimentos para programas de internacionalização, entre eles, um aumento no número de bolsas para formação no exterior, a celebração de novos convênios e mais financiamento para projetos de cooperação internacional (LAUS, 2012; LAUS & MOROSINI, 2005). Nesse mesmo período, a ciência e a academia portuguesas estavam mais consolidadas e fortalecidas e Portugal despontou como um parceiro conveniente para o Brasil pela possibilidade de funcionar como porta de entrada para a academia da União Europeia (FRANÇA & PADILLA, 2016).

Logo em seguida, a crise econômica que se instalou em Portugal em meados dos anos 2000 (SOEIRO & CAMPOS, 2011) e que em 2011 levou à implementação de medidas de austeridade e drásticos cortes no orçamento para as ciências, tecnologias e educação obrigou universidades, laboratórios e centros de investigação a procurar outras fontes de financiamento. Uma vez que o Brasil ainda dispunha de grandes investimentos nessas áreas, as instituições portuguesas buscaram fortalecer os laços e as parcerias com a ex-colônia (FRANÇA & PADILLA, 2016).

O estreitamento dos vínculos tem sido promovido através de diferentes ações, alguma delas de carácter amplo e alargado oferecem um novo enquadramento para as relações bilaterais, como o Tratado de Amizade, Cooperação e Consulta entre Portugal e o Brasil, que assegura a revalidação dos diplomas universitários emitidos entre os dois países. Outra ações de carácter mais restrito são exclusivas da colaboração no domínio científico, como os programas CAPES/IGC (2011-2013); CAPES/FCT em vigor desde de 2008 e os editais de Convênios Bilaterais de Cooperação Internacional do CNPq nº 020/2004; nº27/2006; nº61/2008; nº 53/2010; a concessão de 1125 bolsas de doutoramento e pós-doutoramento para estudantes do Brasil em Portugal pela FCT entre 2010 e 2012 (FCT, 2013). O gráfico abaixo (Gráfico 1) ilustra a evolução do número de bolsas de doutoramento, pós-doutoramento, estágios sênior e de professor/a visitante concedidas pela CAPES a acadêmicos/as brasileiros/as para Portugal.

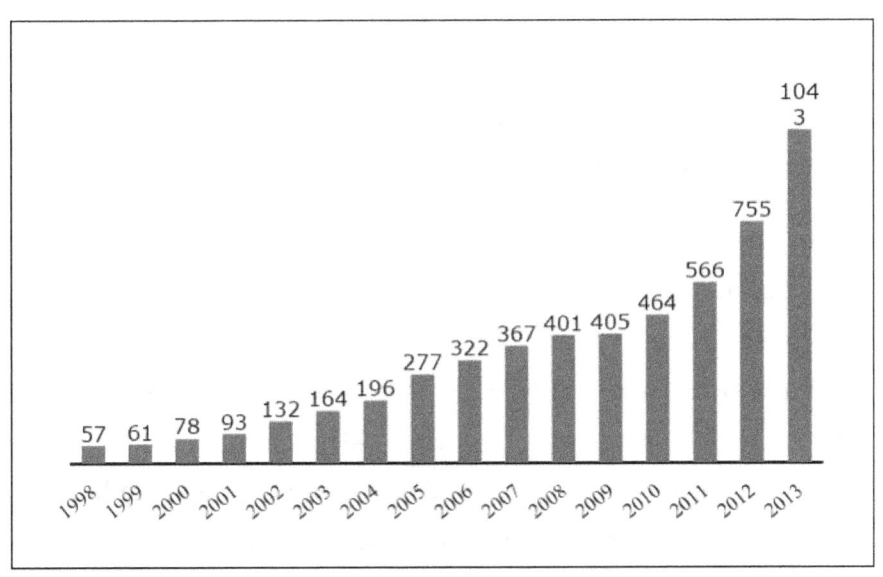

Gráfico 1 – Evolução do número de bolsas CAPES para Portugal (1999-2013)
Fonte: GEOCAPES, 2016 (http://geocapes.capes.gov.br/geocapes2/#)

Diante do exposto acima, é possível afirmar que o aumento do número de acadêmicos/as brasileiros/as em Portugal envolvidos/as em programas de mobilidade e cooperação acadêmica inspira inovadoras questões dignas de serem aprofundadas na investigação. Como por exemplo, considerar o potencial das redes e associações acadêmicas como um canal de comunicação privilegiado com o país de origem, e dentro desse âmbito indagar qual o papel dessas redes e associações na experiência de acadêmicos/as brasileiros/as em Portugal? Quais as razões que os levam ao envolvimento ou ao não envolvimento em redes e associações acadêmicas? Quais vantagens e desvantagens que a participação nessas redes e associações pode trazer?

3. REDES E ASSOCIAÇÕES ACADÊMICAS E CIRCULAÇÃO DO CONHECIMENTO

Uma das vantagens da mobilidade acadêmica é a sua potencialidade e papel na circulação do conhecimento. Com base no conceito de brain circulation (circulação de cérebros) (CIUMASU, 2010; MEYER, 2001, 2003) defende-se que a saída de acadêmicos/as para um país no estrangeiro traria grandes benefícios para o país de origem devido à manutenção de ligações com profissionais e instituições nacionais ou com conacionais localizados em outras regiões do globo. O desenvolvimento, a conservação e o fortalecimento desses vínculos por meio de redes e associações acadêmicas internacionais teria um efeito positivo no reforço da cooperação entre os dois países através da criação de canais de colaboração, promoção de projetos de investigação conjuntos, aumento do número de intercâmbios, convites de coorientações de mestrados e doutorados, bancas e incentivo a publicações em parcerias.

As redes e associações acadêmicas internacionais podem ser definidas como organizações de espaços e ações coletivas promovidas por acadêmicos/as conacionais que se encontram no exterior com o objetivo de fortalecer laços de cooperação, promover atividades acadêmicas autônomas ou juntamente com comunidade acadêmica do país de origem e conacionais em outros países. Mais ainda, podem servir de canal de comunicação com as instituições oficiais do país de origem almejando visibilizar os principais problemas enfrentados pela diáspora acadêmica no exterior e suas contribuições para a comunidade local. Por fim, as redes e associações acadêmicas também podem apresentar um caráter institucional sendo promovidas e mantidas formalmente por programas oficiais do Estado, como uma política diaspórica (CIUMASU, 2010; FRANÇA & PADILLA, 2016, MEYER, 2001). Entre as atividades que podem ser promovidas pelas redes acadêmicas é possível citar: a organização de eventos e publicações acadêmicas; fóruns de discussão; atividades de apoio e integração para recém chegados/as; a divulgação dos trabalhos desenvolvidos pelos membros das redes e associações acadêmicas.

Dentro desta lógica, a conexão negativa da mobilidade acadêmica com o brain drain (fuga de cérebro) é minimizada, uma vez que as redes e associações acadêmicas contribuiriam para a manutenção do vínculo com o país de origem (PELLEGRINO, 2001). O fenômeno do brain drain foi largamente estudado no contexto latino-americano nos anos 50 e 60 (OTEIZA, 1965; VELHO, 2000) e mostrava como na maioria dos casos a saída de acadêmicos/as dava-se no sentido Sul Global-Norte Global, ou seja, de países menos desenvolvidos para países mais desenvolvidos, resultando em efeitos contraproducentes para os países emissores e fortalecendo as desigualdades e assimetrias globais (PELLEGRINO, 2001). Com a saída desses sujeitos o país perderia não apenas mão-de-obra qualificada, mas também os investimentos feitos pelo Estado em educação e formação não seriam devolvidos ao país de origem. Isso porque, os países mais desenvolvidos teriam grande capacidade de atração de mão-de-obra qualificada devido às melhores ofertas de trabalho (salário, condições laborais, desenvolvimento de carreira) quando comparado com os menos desenvolvidos que, sistematicamente, veriam seus bests and brights deixar o país (PELLEGRINO, 2001, 2003).

Com base nas reflexões de Oteiza, Padilla (2010) afirma que o brain drain torna-se ainda mais complexo quando se considera que no contexto latino-americano uma parte significativa dos/as acadêmicos que deixaram a região na década de 60 e 70 por motivos de perseguição política e ideológica consequentes dos regimes ditatoriais. Foi apenas com o progressivo restabelecimento do regime democrático nos países da América Latina nos anos 1980 que parte dos/as acadêmicos/as que estava exilados/as retornou ao país de origem, mas parte permaneceu no exterior, o que em alguns casos resultou no desenvolvimento de parcerias formais e informais com os centros dos países de origem.

Durante a década de 1990, o debate sobre brain circulation e o crescente reconhecimento da importância das redes e associações acadêmicas ganharam força, oferecendo um sólido contraponto aos discursos sobre o brain drain (MEYER, 2001). Além disso, identificou-se que as redes e associações de acadêmicos/as no estrangeiro tinham uma potencialidade para reverter o brain drain (CHACKO, 2007; CIUMASU, 2010) (CHACKO, 2007; CIUMASU, 2010). As distintas experiências de cooperação com o país de origem possibilitariam os/as acadêmicos que estão no exterior permanecerem atualizados/as acerca da realidade do país de origem, terem maior contato com a produção acadêmica local e inserirem-se na comunidade nacional, por vezes, formando seus próprios grupos de investigação seguido o regresso. Mais ainda, essas redes e associações funcionariam como um canal de comunicação com o país de origem, no sentido de informar as condições em que os/as acadêmicos/as encontram-se no exterior, quais seus principais obstáculos, suas necessidades e até mesmo de sugerir melhorias para o sistema acadêmico nacional (CIUMASU, 2007; ZWEIG, 2006).

4. METODOLOGIA

O presente estudo utiliza uma metodologia qualitativa, com base em técnicas de entrevista. Os dados recolhidos são resultados do projeto de investigação "Scientific Mobility to and from Portugal: Production and Circulation of Knowledge in Highly-Skilled Immigration" financiado pela Fundação para Ciência e Tecnologia de Portugal e conduzido pelas autoras. O projeto teve início no ano de 2013 e tem como objetivo principal analisar a mobilidade acadêmica e científica para Portugal. Para este capítulo, fez-se um recorte analítico sobre as redes e associações acadêmicas e científicas brasileiras.

Foram analisadas 10 entrevistas concedidas por acadêmicos/as brasileiros/a em Portugal, entre os meses de janeiro a julho de 2014. Igualmente, procedeu-se a análise de entrevistas realizadas em 2015 com representantes da embaixada brasileira em Portugal, um representante do consulado brasileiro no Porto, da Casa do Brasil de Lisboa (CBL) e do Presidente da Associação de

Estudantes e Pesquisadores Brasileiros – APEB-Coimbra.

As entrevistas foram gravadas, depois transcritas e posteriormente analisadas à luz dos pressupostos da análise crítica do discurso (ACD) de Djik (2010; 2001). Neste sentido, concebe-se o discurso como uma prática social que ao mesmo tempo em que molda é moldada pelo seu redor. Dado a quantidade de informações coletadas e o fato de que algumas das entrevistas apresentavam informações repetidas, uma vez que o ponto de saturação havia sido atingido, apenas excertos mais relevantes serão reproduzidos neste capítulo (FUSCH & NESS, 2015; GUEST et al., 2006).

Ainda que a amostra recolhida não possa ser considerada representativa da comunidade acadêmica e científica brasileira em Portugal, ela oferece elementos importantes para se refletir acerca do fenômeno e se configura como uma das primeiras tentativas de investigar a relação entre investigadores/as do Brasil e as redes e associações acadêmico-científicas no exterior.

5. ANÁLISE DAS ENTREVISTAS

As entrevistas realizadas com membros da comunidade acadêmica brasileira em Portugal mostram que a sua maioria não tem conhecimento ou contato com redes ou associações acadêmicas formais e que parte significativa dos contatos, seja com outros/as acadêmicos/as, seja com o país de origem, dá-se de maneira informal ou por vias pessoais, constituindo-se em uma ação individual. Como pode-se ver do depoimento a seguir:

Eu não sei de nenhuma rede, acho que até existe, mas eu nunca procurei. Meus contatos são todos com investigadores que conheço em eventos, publicações, mas nada formal. Eu nunca ouvi falar de nada organizado pela embaixada ou pelo consulado! O único programa que eu escuto falar e só mais recentemente é o tal Ciências sem Fronteiras[24], mas no caso é só para participantes do programa eu acho.

(A. pesquisador, Biologia).

A. é pesquisador de um instituto de ciências Lisboa. Saiu do Brasil no final da década de 1990 para realizar seu doutorado na França a convite de um professor português e em 2002, através do mesmo professor, mudou-se para Portugal. Apesar de manter vínculos com o país de origem por via de projetos e contatos pessoais, não tem nenhum plano de retornar. Seu relato ilustra um total desconhecimento de qualquer atividade que se aproxime de redes ou associações acadêmicas ou da existência de atividades formais promovidas pelo Estado brasileiro voltadas para a comunidade acadêmica. Por um lado reconhece sua falha, no sentido de ele mesmo nunca ter procurado esse tipo de canal, mas por outro aponta também a omissão dos órgãos oficiais, embaixada ou consulados em promover qualquer atividade neste âmbito, ou ainda valorizar a diáspora científica, tal como tem sido feito com políticas de vinculação com a diáspora brasileira através das

---

[24] Em 2011, o governo de Dilma Rousseff lançou um dos programas mais emblemáticos de internacionalização da ciência no Brasil: Ciências sem Fronteiras (CsF). O programa tinha como objetivo promover a consolidação, expansão e internacionalização da ciência e tecnologia, da inovação e da competitividade brasileira por meio do intercâmbio e da mobilidade internacional. Tinha como meta conceder 110 mil bolsas de estudos para estudantes e docentes das áreas de ciências e saúde para realizarem atividades de aperfeiçoamento acadêmico no exterior entre os anos de 2012- 2016 (MEC 2016). Em 2017, o programa foi reformulado e passou a abranger apenas estudantes de pós-graduação e teve o número de bolsas reduzido drasticamente para 5000.

conferências de Brasileiros no Mundo (PADILLA, 2011).

> Atualmente eu não faço parte de nenhuma associação, não que eu conheça muitas, na verdade só conheço a APEB-Coimbra e até fui membro durante um tempo, mas depois achei que não ia para frente e acabei me desligando. Nem sei bem como cheguei a saber dela (APEB), acho que foi algum amigo que mencionou. A verdade é que a APEB é muito desarticulada porque não tem incentivo e nem reconhecimento de nenhum lado. Eu nem sei quantos membros estão filiados, mas sei que tirando a própria direção ninguém faz nada, eu nem sei se no Brasil já se ouviu falar dessa associação. Nem aqui se escuta muito, só vez por outra. Mas, eu não acho que é culpa do pessoal da APEB não, porque realmente manter uma associação sem nenhuma ajuda ou financiamento é uma tarefa impossível. Mas, também tenho que dizer que o período em que fiz parte (2006) não vi muita vantagem não, por isso que acabei me desligando.

(B. pós-doutoranda, sociologia).

B. é pós-doutoranda em sociologia em um centro de investigação em Lisboa e tem uma bolsa da FCT, sendo que realizou seu doutorado em Coimbra com uma bolsa da mesma instituição. Ela relata sua percepção e experiência com uma associação de pesquisadores estudantes brasileiros, a Associação de Estudantes e Pesquisadores Brasileiros de Coimbra (APEB- Coimbra). Apreende-se de seu relato que apesar de reconhecer o valor e o potencial da associação, sua avaliação é de que a atuação da associação é bastante precária, principalmente pela falta de investimentos financeiros, de interesse dos/das próprios/as brasileiros/as em Coimbra, do governo brasileiro e da Universidade de Coimbra. De acordo com o depoimento de A., a APEB-Coimbra é resultado sobretudo de iniciativas individuais para manter a entidade do que propriamente uma ação associativa local ou transnacional com o objetivo de servir de canal de comunicação com o Brasil, com a comunidade acadêmica brasileira em Portugal e em outros países. Ainda que se apresente como um ator potencial nas dinâmicas de mobilidade acadêmica, a falta de investimentos, apoio e reconhecimento não permite que esse potencial se desenvolva de forma apropriada.

> <u>Algo formal do governo, eu não conheço</u>. Somente de maneira informal, principalmente <u>investigadores que se foram faz muito tempo, quando a estrutura no Brasil não era muito boa, há uns 20-30 anos, e tentaram articular coisas para comunicar-se com o Brasil</u> agora que as coisas estão melhores (...) um amigo do meu pai que trabalha com investigação nos Estados Unidos tenta usar esses programas do Brasil para levar pessoas do Brasil para os EUA e <u>pôr sua investigação em sintonia com a agenda do Brasil</u>. E com <u>o CsF</u> existem muitos investigadores que estão fora e tentam também levar estudantes como, com fundos do Brasil, <u>como uma forma de manter os vínculos e dar visibilidade para o país...</u> Mas, no meu caso, eu não sei de nada disso aqui em Portugal, inclusive existem outros brasileiros no meu centro e eu nem conheço.
>
> (C, Doutorando, Química).

C. é doutorando em química e veio para Lisboa através de uma bolsa financiada pelo instituto português pelo qual está filiado. Seu discurso, em consonância com os anteriores, ilustra mais uma vez que desconhece qualquer associação ou redes de acadêmicos/as brasileiros/as em Portugal e que, ainda que saiba da existência de outros brasileiros/as em seu centro não os/as conhece pessoalmente. Contudo, C. cita vários exemplos de atuações individuais de brasileiros/as que estão no exterior e que buscam aproximar suas atividades com o Brasil através da promoção de intercâmbios. Embora essas iniciativas não contem com apoio formal de instituições ou programas no Brasil, procuram utilizar as oportunidades e canais existentes, como o caso do programa Ciências sem Fronteiras.

É interessante observar que ao mesmo tempo em que C. parece reconhecer o valor das redes e associações e ter o conhecimento de estratégias para estreitar esses laços e vínculos, ele mesmo não demonstra interesse em se aproximar de outros investigadores/as brasileiros/as que estão no país, ou mesmo de ter procurado alguma associação ou rede na qual fazer parte.

> Eu já não tenho mais nenhum vínculo, faz muito tempo que saí. Os contatos que eu tenho são todos pessoais. (...) Eu acho que se eu fosse esperar que alguém fizesse isso *(organizasse uma associação ou rede de investigadores/as brasileiros/as em Portugal)*, eu não esperaria que fosse o consulado. Eu esperaria até da Casa do Brasil *(Casa do Brasil de Lisboa – CBL)*, mas não do consulado, porque o consulado é sobrecarregado de coisas inúteis. (...) Quando eu estava na Áustria, eu estava pedindo bolsa para ir para qualquer canto fora daquele país, inclusive bolsas brasileiras para continuar em outro país no exterior, eu olhei as regras de umas bolsas brasileiras que encontrei e eu lembro que uma pedia que a prova do TOEFL fosse feita no IBEU[25], tinha esse grau de especificação, eu mandei um e-mail para o CNPq ou para a CAPES, já não lembro, para pedir a autorização para fazer o TOEFL em Viena, e a resposta me surpreendeu muito que era, porque eu estava no exterior, eu não era elegível para uma bolsa brasileira. Aí eu fui ler as regras de novo e de fato eles falavam que eu não podia estar no exterior para me inscrever numa bolsa brasileira (...). O governo brasileiro tem essa tendência a achar que quem foi para o estrangeiro morreu, inclusive na parte científica.
>
> (D., Professor Associado, Matemática)

D. saiu do Brasil em 2001, com um contrato de pesquisador pós-

---

[25] O Instituto Brasil- Estados Unidos (IBEU) é um renomado instituto que não visa fundos lucrativos que tem como missão promover a difusão da cultura americana nos Brasil através de várias ações, incluindo cursos de inglês (www.ibeu.org.br).

doutorado do governo austríaco para uma universidade em Viena. Após dois anos na Áustria, inscreveu-se para o concurso de pós-doutorado da FCT em 2003 e ao ser contemplado com a bolsa mudou-se para Portugal. Ao final do período de pós-doutorado, em 2009, assumiu uma vaga de professor em uma universidade em Lisboa. Seu discurso ilustra um descontentamento com a ação do Estado brasileiro para com os/as acadêmicos que estão no exterior e também da representação consular em Portugal.

A denúncia de D. de que a saída para uma instituição no exterior condena o/a acadêmico/a brasileiro ao esquecimento e a sanções bastante severas por parte das instituições acadêmicas e científicas do Brasil – como por exemplo a exclusão de seleção de programas de bolsa – aponta para uma compreensão ineficiente e atrasada do governo brasileiro sobre a mobilidade científica.

A referência de R. a Casa do Brasil de Lisboa (CBL) permite iniciar a análise das entrevistas institucionais. A diversidade das instituições no que diz respeito a função, objetivos, reconhecimento e status traduz-se igualmente na pluralidade dos posicionamentos dos/as representantes no que diz respeito à comunidade acadêmica brasileira em Portugal.

> As pessoas nos contam suas experiências e conversam conosco, há pouco tempo atrás apesar de não ter partido da Casa do Brasil, <u>a gente também teve bastante solidário aí nas lutas que aconteceram dos estudantes que conversaram com a Dilma quando ela esteve em Coimbra</u>, porque estava tendo um problema real sobre a validação de diplomas, eu sei de casos aqui (...) e a casa do Brasil ouve essas queixas, às vezes, a casa do Brasil é mais procurada por outras pessoas que têm outro tipo de necessidade, <u>os investigadores não nos procuraram muito, apesar de a gente saber que eles também têm problemas. Eu</u>

conheço a associação de Coimbra, mas é muito vai e vem, às vezes estão mais organizados, às vezes menos, mas sempre que a gente faz um evento a gente convida eles, para se entrosar. (...) Mas a gente não tem nada voltado para os investigadores, isso é verdade. Mas também a gente funciona por demanda, e os investigadores pouco vêm aqui (...). Por exemplo, a gente sempre pede as teses dos investigadores/as brasileiros que a gente conhece aqui para deixar um exemplar com a gente, mas poucos deixam. (...) A gente também sede o lugar para quem quer fazer o lançamento de livros ou teses aqui, mas mesmo assim é pouco e ainda por época.

(Representante da Casa do Brasil de Lisboa)

A Casa do Brasil de Lisboa é a mais antiga associação civil de brasileiros/as imigrantes em Portugal, fundada oficialmente em 1992 e tem como objetivo defender os interesses de toda a comunidade imigrante no país, em especial os/as brasileiros/as (CBL, 2017). Não se trata, portanto de uma associação acadêmica, mas indiretamente acaba por estabelecer vínculos com a comunidade acadêmica brasileira no país e, consequentemente, tem bastante conhecimento acerca de sua realidade, especialmente no relativo aos problemas que confrontam.

Historicamente, a CBL tem sido reconhecida como uma associação que se dedica às questões dos direitos dos/as imigrantes em uma perspectiva mais política e ativista (CABRAL, 2009; FERNANDES-JESUS et al. 2014). Podese supor que esse fato somado à indefinição quanto à identificação dos/as investigadores/as internacionais como sendo imigrantes (FAVELL, 2014; ROBERTSON, 2010) contribuam para o não reconhecimento da CBL pelos acadêmicos/as como um parceiro potencial.

Porém, apesar disso, o representante deixa claro que há uma abertura e preocupação da CBL com os temas relacionados à comunidade acadêmica brasileira no país. Um exemplo foi o apoio dado no caso das reivindicações dos estudantes por conta da dificuldade em reconhecimento dos diplomas das universidades portuguesas no Brasil em 2011 (G1, 2011). Aponta também uma tentativa de atuação em conjunto com a APEB, reconhecendo seu papel importante no contexto acadêmico, contudo, afirma que o caráter temporário da composição da associação, por vezes, impede a continuidade ou até mesmo a execução de atividades ou ações conjuntas.

O depoimento do representante da APEB-Coimbra reafirma o problema da descontinuidade das ações da associação por conta do fraco envolvimento dos/as acadêmicos/as brasileiros/as.

> Infelizmente a atuação da APEB depende muito de quem está na gestão. A nossa gestão que tem pouco mais de um ano conseguiu fazer muita coisa, organizamos uma semana de seminários jurídicos em que mestrandos e doutorandos podiam apresentar seus trabalhos, abrimos um canal de diálogo mais sólido e formal com a Divisão de Assuntos Internacionais da Universidade de Coimbra, nos aproximamos muito do consulado do Porto (...). Algumas outras gestões também fizeram coisas interessantes, mas infelizmente, depende de quem está a frente da associação. Teve tempos em que não havia nada.
>
> (Presidente da APEB-Coimbra).

A APEB-Coimbra foi fundada em 2004, é reconhecida formalmente pelas entidades portuguesas e brasileiras e conta com uma diretoria composta por acadêmicos/as e estudantes brasileiros/as em Coimbra. Ela é equivalente a APEB-Fr na França,

APEB-Nl na Holanda; a APEB-UK no Reino Unido e a APEC na Catalunha, Espanha. O principal objetivo da associação é representar e auxiliar pesquisadores/as e estudantes brasileiros/as na cidade de Coimbra (APEB, 2016).

O próprio nome da associação marca o seu campo de atuação, a cidade de Coimbra. Por um lado, tal escolha pode ser vista como uma opção para reforçar a representação local da comunidade acadêmica na Universidade de Coimbra, considerando a importância histórica, a qual se mantém até os dias de hoje como uma das instituições favoritas para os intercâmbios entre Brasil e Portugal (FRANÇA & PADILLA, 2016). Contudo, por outro lado, pode ser visto como um elemento que fomenta um distanciamento das demais associações existentes em outras zonas do país.

> Nossa gestão conseguiu se aproximar muito da Divisão de Assuntos Internacionais da UC (*Universidade de Coimbra*) e do consulado, como antes não existia (a divisão internacional), ou pelo menos, eles sempre dizem isso. Eu tenho um contato direto com uma representante do consulado do Porto, que é a nossa jurisdição. Mando e-mails e ela responde imediatamente. (...) O pessoal do consulado está muito preocupado com os casos de xenofobia e estão sempre perguntando, como está tudo por aqui. (...). Mas é isso, um espaço mesmo para discutir coisas, pensar a comunidade brasileira em Coimbra, estratégias, dá visibilidade não tem. E eu acho que já é muita coisa, pensando como era antes e o que temos agora, não é o ideal ainda, mas pelo menos o canal foi aberto.
>
> (Presidente da APEB-Coimbra)

A relação atual da APEB com o consulado brasileiro do Porto[26] e com a Divisão de Assuntos Internacionais da Universidade de

---

[26] Coimbra situa-se sob a jurisdição do consulado do Porto.

Coimbra é vista de forma positiva por parte do presidente, em particular quando comparado com as gestões passadas. Contudo, apesar do reconhecimento formal e da colaboração entre as instituições e a APEB-Coimbra, aparentemente trata-se de uma relação baseada sobretudo em ações pontuais e isoladas, não havendo a construção de um plano/estratégia sólido de cooperação entre as instituições, embora pode ser o primeiro passo nessa direção.

Como principal obstáculo enfrentado pela APEB-Coimbra, o presidente ressalta a falta de apoio financeiro por parte tanto do governo brasileiro – consulado e embaixada – como da Divisão de Assuntos Internacionais da Universidade de Coimbra.

> Eu até sei que no consulado há uma verba para o associativismo e essas coisas, mas não é nada fácil ter acesso a esse dinheiro, sempre depende de quem está no governo. As ajudas são sempre pontuais, não há nada garantido. É muito difícil manter e planejar alguma ação nesses termos. Às vezes, quando eu vou ao consulado no Porto, eu pago do meu próprio bolso.
>
> (Presidente da APEB-Coimbra)

Como apontado anteriormente, apesar de haver a formalização da associação perante o consulado e a embaixada, o apoio dado na prática para atuação e promoção de atividades é muito escasso. A falta de apoio econômico compromete de forma marcante a atuação da associação, que não dispõe de fonte de renda permanente, uma vez que os membros não pagam taxa de inscrição ou anuidade.

O depoimento dos representantes da embaixada do Brasil em Portugal sobre a situação da comunidade acadêmica brasileira em Portugal reforça a análise anterior de que o suporte dado pelo órgão a APEB-Coimbra é diminuto.

> Representante A: <u>As autoridades da área de ciência e tecnologia é que devem saber alguma coisa sobre a existência de alguma associação</u>, a gente aqui lida principalmente com questões diplomáticas entre os Estados. (...) <u>Nossa atuação é no nível dos Estados</u> (...) Eu não sei se existiria uma associação oficial, eu acho que uma associação desse <u>tipo teria que ser uma associação dos investigadores mesmo</u>.

Percebe-se que o posicionamento da embaixada no que diz respeito a realidade dos/as investigadores/as brasileiros/as em Portugal é distanciado e que parece não haver interação ou diálogo com outros órgãos dedicados a esse assunto. Os entrevistados justificam o seu desconhecimento acerca da existência de redes ou associações de investigadores/as com o argumento de que a principal atuação do órgão é diplomática, ocupando-se, sobretudo, da relação entre o Estado brasileiro e o Estado português. Há também uma tentativa de atribuir o compromisso da organização de redes ou associações principalmente aos/as investigadores/as, retirando do Estado essa responsabilidade.

No que diz respeito a existência de iniciativas por parte da embaixada para congregar ou entrar em contato com os/as acadêmicos/as brasileiros/as que estão em Portugal, em um esforço de criação de identidade e fortalecimento de vínculos da comunidade científica no país e com o Brasil, a declaração dos representantes da embaixada demonstra uma ausência total de planejamento de ações neste sentido.

> Representante B: Mas, acho que tem que ser algo de duas vias também. <u>Acho que existindo associações de brasileiros e eles entrando em contato com a embaixada, ou com consulado, a gente ia ter a maior boa vontade de ter esse conhecimento mútuo.</u>
>
> Representante A: Tem uma muito importante em Coimbra, a APEB
>
> Representante B: <u>Nosso embaixador já foi lá</u>, pelo menos duas vezes, conversar com o pessoal, ouvir as demandas, tentar pelo menos estar juntos e <u>escutar quais as reivindicações</u> e dentro do nosso nível de atuação, atuar.

Assim, os funcionários atribuem as responsabilidades de ação e organização aos/as investigadores/as, colocando a embaixada como uma estrutura receptora e apoiadora dessas atividades e não como um agente promotor. Embora, em um determinado momento se declare que essa deveria ser uma ação complementar da embaixada, é possível identificar uma espera de que os/as investigadores/as se organizem e procurem o órgão oficial para, então, dar início a esse processo de troca e construção.

O exemplo utilizado para mostrar que há abertura por parte do Estado brasileiro, neste caso a embaixada, para esse tipo de parceira mostra o reconhecimento da APEB-Coimbra e a ida do Embaixador a Coimbra para reunir-se com a associação, ambas mostram-se como iniciativas importantes para promover o diálogo entre o Estado Brasileiro e sua diáspora científica. Contudo, a criação ou promoção de ações conjuntas, projetos ou programas não se concretizou.

Ainda com relação aos discursos oficiais, a representante do consulado do Porto, responsável pelos assuntos estudantis, afirma que a instituição reconhece a presença da comunidade acadêmica brasileira em Portugal como de suma importância e ilustra tal afirmação com o exemplo da criação de um setor dedicado apenas para assuntos acadêmicos e estudantis desde 2012, como consequência direta do programa CsF.

> <u>Como número de estudante começou a ser tão grande e para o Brasil, especialmente depois do CsF, se criou um canal de atendimento especial.</u> Os estudantes, tirando quem tem atendimento preferencial por lei grávidas e idosos, tirando essas pessoas, <u>o estudante hoje é quem tem um atendimento preferencial aqui no consulado, porque tem um setor específico para eles.</u> (...) <u>Esse setor foi criado especificamente para que estudantes brasileiros que estão em Portugal possam ter seus problemas resolvidos da melhor maneira possível.</u>

A criação de um setor específico para atender a comunidade acadêmica brasileira em Portugal mostra-se como uma iniciativa notável por parte do consulado que indica haver realmente alguma preocupação e interesse por parte da instituição como os/as estudantes e acadêmicos/as que estão no país.

A representante mencionou várias atividades empreendidas pelo setor:

> Nós conduzimos uma sessão de esclarecimento feita no início do semestre em todas as universidades da jurisdição do consulado do Porto (que engloba todas as universidades que estão ao norte de Coimbra) comigo e com o cônsul adjunto em que se reúne os/as estudantes e eles colocam suas questões. Nós também fazemos intermediações, por exemplo, com o Serviço de

Estrangeiros e Fronteiras (SEF)27, ou até mesmo com o Ministério das Relações Exteriores em Brasília se for preciso. Mas nossa atuação não é ilimitada.

De um lado parece haver um cuidado legítimo do consulado com os estudantes brasileiros/as que estão sob sua jurisdição. Embora tal iniciativa tenha como foco principal a comunidade estudantil brasileira, tendo menos alcance junto a investigadores/as ainda assim mostra-se como um esforço real do consulado para aproximar-se da diáspora acadêmica do país.

> <u>Nós divulgamos os trabalhos quando eles chegam até nós</u> (...) Se essas pessoas procurarem a gente, nós temos prazer em ajudar. <u>Mas o consulado não pode fazer muita coisa para cada um dos acadêmicos que estão aqui.</u> A gente está aberto, <u>mas a gente também tem que ser procurado. Mediante a procura, nós atuamos Os acadêmicos é que tem a obrigação de dar visibilidade para as ações deles, nós damos o apoio, se precisam de algum espaço a gente se puder dá esse apoio, mas não depende só da gente.</u> A gente não tem como saber o que está sendo feito. Nós não podemos fazer muita coisa, o que nós temos é a força de convocar a comunidade porque temos um peso grande, mas para isso precisamos que as coisas cheguem até nós (consulado).

Do depoimento da representante do consulado, percebe-se igualmente uma queixa do consulado em relação a falta de procura da comunidade acadêmica pela instituição no sentido de realizar atividades que vão além do papel burocrático do consulado. Segundo ela, o estabelecimento de uma relação nesse sentido deveria partir principalmente dos/as próprio acadêmicos/as, uma vez que são eles/as quem sabem de suas demandas e as necessidades. Neste sentido, a abertura do consulado constitui-se como um primeiro passo para a construção de uma ação conjunta

---

[27] O SEF é o órgão Português responsável pelos assuntos migratórios.

entre o Estado e a comunidade acadêmica brasileira. Contudo, parece haver ainda um descompasso entre o que o consulado pode oferecer e aquilo que a os/as acadêmicos/as esperam, dificultando uma maior cooperação.

A representante do consulado indagou ainda sobre o associativismo brasileiro em Portugal:

> O associativismo brasileiro aqui em Portugal não aconteceu muito e é não só com estudantes. E por que? Porque ainda que haja dificuldade, não é tão grande como em outros países onde não se fala português, então o associativismo não se faz tão presente. Por exemplo, no Japão o associativismo é fortíssimo, porque caso contrário você não consegue fazer nada sozinho.

Ainda que as razões apresentadas para o fraco associativismo brasileiro em Portugal sejam mais complexas do que a facilidade linguística mencionada pela representante do consulado, é fato que em Portugal, quando comparado com outros países como Estados Unidos, Espanha ou França, as ações associativas da comunidade brasileira são bastante inferiores (CABRAL, 2009), inclusive no meio acadêmico. Por exemplo, a Associação dos Pesquisadores e Estudantes Brasileiros na França (APEB-Fr) existe desde 1984 e tem tido uma ação constante e atuante como a publicação de uma revista - Revue Passages de Paris - e a realização de distintos eventos - como o Congresso Europeu de Pós-graduandos e Pesquisadores Brasileiros, Colóquio ou a Associação dos Pesquisadores e Estudantes Brasileiros na Catalunha (APEC) fundada em 1990 e que no ano de 2017 realizou o XXII Seminário Anual da Associação de Pesquisadores e Estudantes Brasileiros na

Catalunha (APEC).

6. CONSIDERAÇÕES FINAIS

No caso da comunidade acadêmica brasileira em Portugal, a ação realizada por parte de redes e associações é muito limitada, praticamente inexistente. Há um desconhecimento da maioria dos/as acadêmicos/as que se encontra no país de qualquer ação neste sentido – seja de iniciativas locais organizadas por acadêmicos/as residentes no país, como por exemplo existência da APEB-Coimbra ou a disponibilidade da CBL para parcerias para lançamento de livros ou apresentação de estudos acadêmicos– bem como uma falta de interesse em promover, seja de maneira autônoma ou em colaboração, esses espaços. Identifica-se sobretudo ações individuais e isoladas tanto no que diz respeito a manutenção de vínculos com o país de origem, como de parcerias entre brasileiros/as que desenvolvem suas atividades acadêmicas em Portugal.

A APEB-Coimbra ilustra como a existência de uma associação acadêmica não garante a promoção de um sentimento de comunidade que resulte em atividades de cooperação. Se por um lado a presença da associação no cenário acadêmico português deve ser reconhecida como um referencial importante para a comunidade acadêmica brasileira em Portugal, por outro a falta de suporte concreto dado pelos/as próprios/as brasileiros/as e pelas instituições oficiais do Brasil e de Portugal aponta o pouco prestígio dado a essa instituição.

Já em relação a CBL, pode-se considerar que, a grandeza dos seus objetivos de atuação– os interesses gerais da comunidade imigrante, mais especificamente a brasileira – dificulte sua dedicação de forma dirigida e detalhada às questões que concernem aos/as acadêmicos/as. Consequentemente, gera-se um baixo nível de engajamento entre a associação e a comunidade acadêmica brasileira. Contudo, muitos/as acadêmicos/as brasileiros/as em Portugal acabam por engajar-se com as atividades da CBL, seja através de suas pesquisas – que tanto dão visibilidade à associação, como em alguns casos promovem uma intervenção direta nas suas dinâmicas. Neste sentido, a CBL beneficia-se da comunidade acadêmica brasileira em Portugal, embora envolva-se de forma tímida com as questões desta comunidade no país.

Essa fragilidade e personalismo das redes e associações de acadêmicos/as brasileiros/as em Portugal identificados em nossas entrevistas contribui negativamente para que os investimentos (pessoais e institucionais) feitos para a promoção da mobilidade acadêmica alcancem satisfatoriamente os objetivos planejados – fortalecimento da cooperação internacional, aprendizagem de novas estratégias e dinâmicas de organização de grupos de pesquisa, ampliação da visibilidade da produção brasileira no exterior, aumento dos programas de intercâmbio, crescimento da publicação brasileira em revistas internacionais.

A escassez de canais de diálogo entre o Estado e a comunidade acadêmica brasileira em Portugal acaba por fomentar um distanciamento da academia nacional, reduzindo as possibilidades de colaboração.

Além disso, ao que parece no Brasil, se a mobilidade internacional se der de maneira independente e autônoma de algum programa oficial do governo, não existe nenhuma iniciativa ou programa promovido pelo Estado brasileiro que permita a manutenção de vínculos oficiais destes acadêmicos/as com o meio acadêmico do país. A inexistência de uma política que promova a integração de acadêmicos/as que estão no exterior através de iniciativas governamentais faz com que o Brasil perca grandes oportunidades de aumentar sua participação no cenário acadêmico internacional.

A criação de um programa oficial de promoção de intercâmbio que enviem acadêmicos/as para centros estrangeiros, neste caso específico de brasileiros/as para Portugal através de iniciativas como o programa Ciências sem Fronteiras, a cooperação CAPES-ICG, a CAPES-FCT ou outros acordos bilaterais não é suficiente para a internacionalização acadêmica de um país. É preciso que as políticas de internacionalização compreendam que a mobilidade acadêmica é um processo longo e complexo que, além do intercâmbio de acadêmicos/as para instituições no exterior, engloba também uma identificação adequada de países parceiros, o acompanhamento das atividades desenvolvidas no estrangeiro, a promoção de canais para a manutenção de vínculos com o país de origem e o repatriamento.

Referências

ACKERS, L. (2005). Promoting Scientific Mobility and Balanced Growth in the European Research Area. Innovation: The European Jounal of Social Science, 301–317.

ANÍSIO, T. (1989). Ensino superior no Brasil: análise e interpretação de sua evolução até 1989. RJ: UFRJ.

BAUDER, H. (2015). The International Mobility of Academics: A Labour Market Perspective. International Migration, 1(53), 83–96.

CABRAI, A. (2009). As associações de imigrantes brasileiros - espaços de e para a cidadania. Revista Antropológicas, 11, 81–92.

CBL, C. do B. de L. (2017). Casa do Brasil de Lisboa. Retrieved from http://www.casadobrasil.info

CHACKO, E. (2007). From brain drain to brain gain: reverse migration to Bangalore and Hyderabad, India's globalizing high tech cities. GeoJournal, 68(2–3), 131–140. https://doi.org/10.1007/s10708-007-9078-8

CIUMASU, I. M. (2007). International circulation of talent - a solution for the development of Romania. University of Versailles Saint-Quentin-En-Yvelines, (University within Society).

CIUMASU, I. M. (2010). Turning brain drain into brain networking. Science and Public Policy, 37(2), 135–146.

FAVELL, A. (2014). The fourth freedom. European Journal of Social Theory, 17(3), 275–289.

FCT, F. para C. e T. (2016). José Mariano Rebelo Pires Gago. Retrieved April 9, 2017.

FERNANDES-JESUS, M., Cicognagni, E., & Menezes, I. (2014). Participação cívica e política: jovens imigrantes brasileiros/as em Portugal. Psicologia & Sociedade, 26(3), 572–582.

FONSECA, M. L., PEREIRA, S., IORIO, J., & DOMÍNGUEZ-MUJICA, J. (2016). International Mobility of Brazilian Students to Portugal: The Role of the Brazilian Government and University StrategiesinPortugal. In Global Change and Human Mobility. Springer.

FRANÇA, T., & PADILLA, B. (2016). Acordos bilateral de cooperação acadêmica entre Brasil e Portugal: internacionalização ou (pós)colonização universitária? Revista UDUAL, 16(69), 57–73.

FRANÇA, T., & PADILLA, B. (2016). Entre redes associativas formais e iniciativas

pessoais: uma reflexão sobre mobilidade científica e estratégias de manutenção de vínculo com o país de origem. Workshop Religiones, redes asociativas y prácticas culturales. INAH, Oaxaca, México, 29 de Março a 01 de Abril.

FUSCH, P., & NESS, L. (2015). Are We There Yet? Data Saturation in Qualitative Research. School of Management Publications. Retrieved from http://scholarworks.waldenu.edu/sm_pubs/45

GUEST, G., BUNCE, A., & JOHNSON, L. (2006). How Many Interviews Are Enough? Field Methods, 18(1), 59–82.

HASANEFENDIC, S. (2016). "Brain drain, brain gain… Brain sustain?" Challenges in building portuguese human research capacity. Sociologia, Problemas E Práticas, (83), 117–135.

HOSTINS, R. (2006). Os Planos Nacionais de Pós-graduação (PNPG) e sua

repercussões na Pós-graduação brasileira.Perspectiva, Florianópolis, 24(1) 133-160, abr.

IORIO, J. (2014). La movilidad internacional de los estudiantes de educación superior brasileños para Portugal. RAXIMHAI, 10(1), 213–235.

LANDMAN, M. (2006). Getting quality in qualitative research: A short introduction to feminist methodology and methods. Proceedings of the Nutrition Society, 65, 429–433.

LAUS, S. (2012). A internacionalização da educação superior: um estudo de caso da Universidade Federal de Santa Catarina. Universidade Federal da Bahia, Bahia.

LAUS, S., & MOROSINI, M. C. (2005). Internationalization of Higher Education in Brazil. In H. de Wit, I. Jaramillo, J. Gacel-Ávila, & J. Knight (Eds.), Higher Education in Latin America - The International Dimension (pp. 118–148). Washington, DC: World Bank.

MAZZA, D. (2009). Intercâmbios acadêmicos internacionais: bolsas Capes, CNPq e Fapesp. Cadernos de Pesquisa, 39(137), 521–547.

MEYER, J.-B. (2001). Network Approach versus Brain Drain: Lessons from the Diaspora. International Migration, 39(5), 91–110.

MEYER, J.-B. (2003). Policy implications of the brain drain's changing face - Google Acadêmico. SciDev.Net Policy Brief. Retrieved from http://unpan1.un.org/intradoc/groups/public/documents/APCITY/UNPAN022374.pdf

OTEIZA, E. (1965). La emigración de ingenieros argentinos dentro del contexto de las migraciones internacionales: un caso de brain drain latinoamericano. Revista Internacional Del Trabajo, 72(6).

PADILLA, B. (2010). Algunas Reflexiones sobre las Migraciones Altamente

Cualificada: Políticas, Mercados Laborales e Restricciones, OBETS. Revista de Ciencias Sociales, 5(2), 269-291.

_____, B. (2011), Engagement Policies and Practices: Expanding the Citizenship of the Brazilian Diaspora. International Migration, 49: 10-29

PELLEGRINO, A. (2001). Trends in Latin American Skilled Migration: "Brain Drain" or "Brain Exchange"? International Migration, 39(5), 111–132.

_____, A. (2003). Migración de mano de obra calificada desde Argentina y Uruguay. Genebra: OIT.

PINA-CABRAL, J. de. (2011). Entrevista a José Mariano Gago: por João de Pina-Cabral. Análise Social, (200), 388–413.

RAICES, M. da C., Tecnologia e Innovación Productiva. (2010). Programa RAICES - una política de estado. Buenos Aires: MINCYT.

RAMOS, M. Y., & VELHO, L. (2011). Formação de doutores no Brasil e no exterior: impactos na propensão a migrar. Educação & Sociedade, 32(117), 933–951.

ROBERTSON, S. L. (2010). Critical response to Special Section: international academic mobility. Discourse: Studies in the Cultural Politics of Education, 31(5), 641–647.

ROMANO, R. (1999). A Crise da Universidade no Governo FHC. Motrivivência, 0(12), 11–36.

SANTOS, B. de S., & ALMEIDA FILHO, N. (2000). A Universidade No Século XXI. Para Uma Universidade Nova. Coimbra: Almedina.

SOEIRO, J., & CAMPOS, A. (2011). Portugal un país inviable? Dimensións e perspectivas da crise. Tempo Exterior, XXI (II)(22), 125–134.

SOUSA, F. de. (2000). Portugal e a União Européia. Revista Brasileira de Política Internacional, 43(2), 192–200.

DIJK, T. (2010). Discurso e Poder. São Paulo: Contexto.

DIJK, T. A. (2001). Multidisciplinary CDA: a plea for diversity, 95–120.

VARELA, A., DOMINGUES, H., & COIMBRA, C. (2013). A circulação internacional dos cientistas brasileiros nos primeiros anos do CNPq (1951-1955). Revista Brasileira de História Da Ciência, 6(2), 301–309.

VELHO, L. (2000). Redes regionales de cooperación en CYT y el mercosur. Redes, 15(7), 112–130.

ZWEIG, D. (2006). Learning to Compete: China's Efforts to Encourage a Reverse Brain Drain. International Labour Review, 145(1/2), 65–90.

CAPÍTULO 5

Migração, processos identitários e violência colonial: narrativas de um imigrante brasileiro na Europa[28]

Glauco Vaz Feijó, Instituto Federal de Brasília (IFB), Brasil

1. INTRODUÇÃO

Para tentar entender como processos migratórios hodiernos interferem na construção de narrativas de identidades de brasileiros e brasileiras vivendo além-mar, realizei, entre os anos de 2006 e 2014, entrevistas com brasileiros e brasileiras vivendo em Portugal – na "Europa ibérica", que teria ajudado a construir por equiparação o "caráter nacional brasileiro" – e na Alemanha, na "Europa do Norte", que serviria de contraste ao ser-brasileiro. A escolha não foi aleatória, surgiu do desenrolar de minha própria experiência como imigrante na "Europa do Norte" e do contato já longo com a interpretação da formação de uma identidade

---

[28] Esse texto é uma versão modificada de parte de um capítulo de minha tese de doutorado aprovada na Universidade de Brasília e na Friedrich-Schiller-Universität Jena em regime de cotutela doutoral (FEIJÓ, 2015).

brasileira construída por Sérgio Buarque de Holanda em Raízes do Brasil (HOLANDA, 2001), com sua ênfase interpretativa, no contraste grosso, entre os ibéricos aventureiros e os europeus do Norte trabalhadores e, no contraste fino, entre o espanhol ladrilhador e o português semeador.

O texto que se segue é um excerto modificado retirado desse trabalho maior de interpretação crítico discursiva de narrativas (FEIJÓ, 2015). Nesse excerto, retorno à interpretação da narrativa de um imigrante brasileiro que teve uma dupla experiência migratória, tendo vivido nos dois países em foco. Desta forma, sua narrativa se constrói pelo contraste direto entre essas duas experiências e se mostra como uma narrativa sui generis para pensar processos discursivos de construção de identidades a partir da construção do outro que nos constitui. Para a geração das narrativas me fundamentei nas discussões metodológicas da história oral (ABRAMS, 2010; ALBERTI, 2003) e da entrevista como método de geração de fontes narrativas (BAUER & GASKELL, 2002). Na interpretação do conjunto de entrevistas lancei mão das perspectivas da Análise Crítica de Narrativas (BAL, 1999; MOTTA, 2013) e da Análise de Discurso Crítica (RESENDE, 2010; VAN LEEUWEN, 2008). No excerto escolhido para esse capítulo, as metodologias de interpretação são as mesmas, sem que elas, contudo, sejam problematizadas, poupando leitores e leitoras de uma discussão metodológica desnecessária no contexto de uma coletânea de artigos.

2. BRUNO, UM IMIGRANTE BRASILEIRO EM PORTUGAL E NA ALEMANHA

A contradição e complexidade ressaltadas na introdução vão ser os movimentos marcantes da narrativa de Bruno, sobre a qual recai o foco das discussões nesse capítulo. Bruno, nordestino, negro, 45 anos, com nível superior e histórico de engajamento político no Brasil, tem uma experiência dupla de imigração: após cinco anos morando em Lisboa, para onde foi para tentar cursar o mestrado – projeto que acabou por abandonar – mudou-se para a Alemanha, após se casar cum uma alemã que conhecera em Lisboa. Foi na Alemanha, onde já vivia há dois anos, que Bruno foi entrevistado, sem que se soubesse antes da entrevista sobre sua experiência de migração em Portugal, na qual se centraria sua narrativa. Selecionei a entrevista de Bruno para trabalhar neste texto, por se tratar de uma narrativa sui generis de um imigrante brasileiro que passou pela experiência de imigração nos dois países nos quais as entrevistas foram realizadas, Portugal e Alemanha.

Como dito, a interpretação dessa narrativa sui generis faz parte de uma pesquisa maior (FEIJÓ, 2015), na qual foram interpretadas 18 narrativas de trajetórias de vida de imigrantes brasileiras e brasileiros vivendo na Alemanha e em Portugal, que foram coletadas em distintos momentos entre 2006 e 2014. O objetivo da pesquisa maior foi identificar como essas pessoas imigrantes reinventam suas identidades (HALL, 2007) a partir da ação articulada entre mecanismo de memória cultural e memória comunicativa (ASSMANN, 2010). Na pesquisa maior, interpretei narrativas de trajetórias de vida de imigrantes e tentei responder à pergunta: quais são as fronteiras identitárias imaginadas dentro desses casos específicos de encontro intercultural com alteridades surgidas no processo de imigração e como essas alteridades agem na (re)construção de identidades? Refleti sobre a (re)construção identitária a partir da experiência de migração e busquei entendê-la dentro de um processo histórico maior de construção de identidades nacionais. Construí um trabalho interdisciplinar de fôlego, vinculado à história do tempo presente, no qual as ideias de memória cultural e comunicativa de Assmann (2010) foram fundamentos das interpretações buscadas. Tomei a memória comunicativa como manifesta nos textos das narrativas, e a memória cultural como os discursos que tentei acessar por meio da interpretação desses textos. As interpretações foram alcançadas por meio de metodologia híbrida, que lançou mão de reflexões da história oral (ALBERTI, 2003; ABRAMS, 2010) e de ferramentas da Análise de Narrativa Orais (LABOV, 1997; DE FINA, 2003); da Análise Crítica de Discurso (RESENDE, 2010; VAN LEEUWEN, 2008; FAIRCLOUGH, 2003) e da Análise Crítica de Narrativa (BAL, 1999; MOTTA, 2013). Das conclusões alcançadas, creio poder destacar, resumidamente, que, se tanto em Portugal quanto na Alemanha os elementos da memória cultural acionados são semelhantes e se vinculam a uma identidade nacional brasileira discursivamente fundada na mestiçagem e na cordialidade, as narrativas construídas sobre a memória cultural sofrem também o impacto do presente e há diferenças sensíveis nas estratégias narradas e nas formas como a memória cultural fundada no discurso é manejada narrativamente pela memória comunicativa. Na Alemanha a diferença entre "nós" e "eles" é mais clara e as estratégias de aproximação são narradas como estratégias individuais entre "eu" e "eles". Em Portugal as ambivalências entre alteridade e identidade são mais profundas e aproximações e afastamentos são majoritariamente movimentos coletivos entre "nós" e "eles".

A entrevista com Bruno foi realizada em um pequeno negócio que ele havia iniciado após conseguir os recursos necessários para o investimento, por meio de um empréstimo bancário. A situação de Bruno na Alemanha era regular, ele estava casado com uma alemã que conhecera em Portugal, quando ela lá morava, e com quem tem uma filha. A entrevista durou um pouco mais de duas horas e sua transcrição tem cerca de 30 páginas, nas quais os elementos de ambiguidade no processo de (re)construção identitária vivenciado em Portugal se mostram como em outras entrevistas, sendo que, na percepção de Bruno – tanto devido à sua apurada formação política e intelectual, mas também devido ao fato de tecer comparações entre os dois contexto migratórios – a violência colonial dos processos e das representações constituintes de uma trajetória de migração sul-norte são elaboradas e se transformam em fio condutor da narrativa de uma forma extremamente explícita, como não ocorre em nenhuma outra entrevista. Claro que cada uma das entrevistas é especial e cada trajetória de vida narrada é relevante em si mesma, mas, a escolha recai sobre a narrativa de Bruno nesse capítulo, pois ela me serve como nenhuma outra para refletir sobre a continuidade da violência colonial, sobre a colonialidade nos processos migratórios hodiernos. Neste sentido, por meio de uma única narrativa, a de

Bruno, podemos vislumbrar alguns relevantes aspectos comuns aos processos migratórios entre países do Sul e do Norte que marcam nossa contemporaneidade.

3. BRUNO EM PORTUGAL

Ainda que a representação do/a português/a na narrativa de Bruno seja de antagonismo extremo e construída sob relações de colonialidade extremamente violentas, nela as tensões do "jogo de espelhos" (MACHADO, 2006) que há entre identidades portuguesas e brasileiras no contexto migratório se mostram de forma mais forte e conscientemente elaboradas. Bruno nos conta que:

> *Foi muita dura a vida em Portugal, nesse aspecto, porque eu tive que, digamos assim, eu saí de meu status de assessor pra virar atendente de mesa em restaurante, trabalhando catorze, quinze horas por dia, recebendo grito, aquela relação conflituosa e dúbia que tem dos portugueses com os imigrantes das ex-colônias.*

Bruno segue a tendência de descenso social atribuída pelas pesquisas aos brasileiros imigrados após a virada do milênio (MALHEIROS, 2007; GÓIS, MARQUES & PADILLA, 2009). De trabalhador altamente qualificado no Brasil, com uma inserção política e laboral que destaca no início da sua longa narrativa, Bruno vai para Portugal com o objetivo de cursar o mestrado, o que consegue apenas paralelamente às atividades laborais não qualificadas que passa a desenvolver. Posicionado agora em uma relação de subalternidade que não experienciara antes e com uma formação política e intelectual vinculada a reflexões sobre relações sociais subjetivas, Bruno nos revela em sua narrativa, de forma transparente, os conflitos e as violências que marcam os processos de (re)construção de identidades e de atribuição de novos posicionamentos em um contexto migratório marcado também, mesmo que com suas especificidades, por relações que podem ser parcialmente entendidas como pós-coloniais, o que fica bastante claro nos casos concretos de violência narrados abaixo:

> *Eu fui proibido de usar algumas expressões da língua portuguesa, né, que tínhamos no Brasil, que são expressões brasileiras, que são consideradas da língua portuguesa. Fui proibido de usar isso aqui. Como por exemplo: no Brasil nós chamamos o bloco de notas de comanda, porque aquilo serve como uma comanda para movimentar as ações da cozinha. É uma ordem, é uma lógica militar, mas tem esse termo. Fui proibido de usar isso dentro do restaurante. Eu não poderia me referir àquele objeto por este nome.*
>
> *(...)*
>
> *Nós brasileiros, digamos assim, ainda somos os bons filhos, somos os filhos que deram certo, mas somos sempre os filhos, os africanos são os pretos de merda. Essa palavra, essa expressão não é uma expressão, digamos assim, que eu subentendia, não, ela era dita: - "Os pretos de merda!", o tempo todo. Eu escutava isso todo dia, né: - "Os pretos de merda!".*

As histórias narradas por Bruno em seus encontros cotidianos e indesejados com o outro revelam uma interpretação das relações pós-coloniais portuguesas construídas em uma escala hierárquica de três níveis e fundadas sobre a ideia do lusotropicalismo adaptada pelo chamado "projeto da lusofonia", que tenta construir discursivamente uma fraternidade entre os países de língua oficial portuguesa como estratégia de resolução dos problemas identitários de Portugal frente à escolha entre seguir sua "vocação atlântica" ou virar-se para o continente e assumir-se como país essencialmente europeu (RIBEIRO, 2000).

A hierarquia em três níveis posiciona Portugal no topo, como país europeu e berço do lusotropicalismo; em um lugar intermediário é posicionado o Brasil, como o exemplo mais bem sucedido do "mundo que o português criou" (CASTELO, 1998); no último lugar dessa comunidade, que se diz fraterna e se constrói sobre um discurso de igualdade fundado no idioma comum e em similaridades culturais que tentam disfarçar as diferenças de capital simbólico e material, encontram-se os países africanos de língua portuguesa. Na aguçada percepção de Bruno, a lusofonia, essa "relação conflituosa e dúbia que tem dos portugueses com os imigrantes das ex-colônias", constrói-se ainda sobre parâmetros coloniais. Faz-se a partir da violência do colonizador, incluindo a violência simbólica de imposição de sua variação da língua; faz-se pela relativa minimização dessa violência quando exercida sobre brasileiros, cuja relação colonial é antes um dado histórico e um sentimento português, que uma realidade aceita e sentida por brasileiros; e faz-se pela tentativa de reprodução simbólica do Império Português no trato racista dispensado aos imigrantes das ex-colônias africanas.

Não é só na narrativa de Bruno que o projeto lusófono é apresentado como violento e eivado de relações de poder hierárquicas e preconceituosas. Pesquisadores/as de lá, de cá e de acolá vêm insistindo nos equívocos e na reprodução de violências que se escondem por trás dos projetos portugueses fundados na lusofonia e, ainda que não declaradamente, em uma atualização do lusotropicalismo freyreano. Do lado português, Castelo (1998) e, sobretudo, Almeida (2000, 2007) têm se esforçado para mostrar as contradições desse projeto. Para Almeida:

> Hoje, o tropo culturalista da língua e a vaga noção de um passado comum parecem infiltrar-se como tentativas de reconstruir uma entidade pós-colonial capaz de contrabalançar o efeito de erosão da globalização e a marginalidade portuguesa no seio da EU. Estas tentativas são, evidentemente, contraditórias com uma análise fria dos processos de poder do colonialismo e das realidades estruturantes do neo-colonialismo (ALMEIDA, 2007: 39).

Do lado brasileiro, Cunha (2002, 2010) tem dedicado parte de suas reflexões acadêmicas à interpretação e compreensão das ressignificações das relações coloniais entre Brasil e Portugal na contemporaneidade e vem mostrando como elas são fundadas no imaginário colonial que tenta reproduzir em bases simbólicas as hierarquias que outrora tiveram base também material. Para Cunha (2002):

> Flagrar este jogo entre familiaridade e estranhamento, atração e recusa, pode ser um caminho promissor para que se avaliem as ambiguidades presentes nas aproximações políticas e culturais entre Brasil e Portugal que estão, por exemplo, na base da formulação de um "Bloco Lusófono", na geopolítica contemporânea (s/p).

Ainda no Brasil, Feldman-Bianco (2007) argumenta que:

> [A] sequência de conflitos, de negociações e de acomodações indica que, mais uma vez, as relações entre Brasil e Portugal reconfiguram-se pela recriação das "raízes históricas" comuns (...) pela constante produção de similaridades culturais que reescrevem, na atual conjuntura do capitalismo global, as

relações históricas entre Brasil e Portugal em traços de laços horizontais de parentesco, de cultura e língua comuns (...). Essa produção de semelhanças culturais entre os dois países, marcada inclusive por tentativas (em geral fracassadas) de formulação de uma unidade luso-brasileira, trouxe à tona a perseverança e a força do espectro imperial português (p. 435-436).

Em sua narrativa cortada por reflexões sobre as relações dos sujeitos pós-coloniais em um contexto migratório contemporâneo em Portugal, Bruno, embora não se apegue à crítica ao projeto da lusofonia e do lusotropicalismo, parece ecoar as contradições e violências apontadas pela produção acadêmica mais recente. Sobretudo revela a imposição de uma identidade portuguesa protagonista frente a identidades pós-coloniais estigmatizadas, impessoalizadas e generalizadas por vocativos não muito generosos:

> *Outra coisa também que pra mim era muito confusa é uma perda de identidade, não é? Em poucos momentos, eu fui, eu deixei, eu fui, eu era Bruno, eu sempre fui os, "os brasileiros", né, "os brasileiros", "os brasileiros" "os pretos de merda", essas categorias, assim. Você é o tempo todo colocado para essas categorias. Dos poucos momentos e das poucas relações que eu consegui sair dessa categoria, foi a partir das relações de amizade. Você criava, digamos assim, uma, uma, uma... (...) uma exceção. Então as pessoas (...) mesmo os meus amigos me colocavam nesse lugar de exceção, porque gostavam de mim, porque se vincularam afetivamente a mim e construíram uma relação de respeito, mas na condição de exceção. Então, essa ideia de exceção também era muito dolorosa, pra mim sempre foi muito dolorosa.*

Presente em outras narrativas de brasileiros/as residentes em Portugal, o vocativo "brasileiro" ou "brasileira" parece ser interpretado como uma ofensa, uma generalização que não só impessoaliza, como também desumaniza as relações estabelecidas entre brasileiros/as e portugueses/as. Sendo que a hierarquização, impessoalização e desumanização atingem de forma ainda mais forte angolanos/as, cabo-verdianos/as e outros/as nacionais de países africanos ex-colônias de Portugal, reunidos sob o vocativo "africanos", "os pretos" ou, de forma altamente degradante, como "os pretos de merda", conforme narrativa de Bruno. A tensão nas formas de tratamento, que aparecem nessa e em outras narrativas, sobretudo no campo laboral, revelam a persistência de representações advindas de um imaginário colonial fundado em relações de senhorio. Mais afastadas no tempo e, até certo ponto, minimizadas pelo papel preponderante do Brasil nos dias atuais na consolidação de uma "comunidade lusófona", a memória colonial reserva aos/às brasileiros/as um nível intermediário nessas representações.

A violência das representações coloniais é experimentada por Bruno de forma tão intensa e clara que, mesmo nas relações amistosas estabelecidas com portugueses/as, ele a percebe com a formulação da ideia de "exceção", que se encaixaria muito bem em um quadro conceitual pós-colonialista, construindo uma imagem-força bastante eloquente sobre processos subjetivos de (re)construção identitária carregados pelas marcas de uma memória cultural fundada na violência da colonização.

Construída sobre a crítica ao caráter português, essencializado por meio de suas relações pós-coloniais, e marcada seja pela violência, pelo apagamento do outro ou mesmo pela ideia de exceção, que, embora construída em um contexto de aproximação, não deixa de ser violenta, a (re)construção identitária de Bruno é marcada pela reafirmação de suas características atribuídas tanto a aquisições individuais, como sua alta qualificação profissional, como a características de uma identidade coletiva da qual em nenhum momento ele se desvincula:

> *A integração é sempre do pressuposto que você tem que, de certa forma, se substituir. E eu sempre achei o contrário, eu sou uma mais-valia, o que eu sou é uma mais-valia, de todo o meu ponto de vista do meu conhecimento técnico, que é bom (...). Culturalmente, do ponto de vista da integração, óbvio que a sociedade brasileira tem contrastes muito grande do ponto de vista do que é integração. Mas eu acho que ela serve como modelo (...). Sim, do ponto de vista do entendimento de integração. A sociedade brasileira serve como modelo pra Europa, apesar dos seus contrastes, e da violência resultante nesses contrastes. Mas a ideia, o esboço do que tá posto... Eu acho que tem essa que é a lógica do brasileiro, ele assimila, ele tem capacidade assimilativa, né? Pro bom e pro mau (...). Não é preciso muito pra ser brasileiro. E quantas gerações é que são necessárias pra ser europeu? Ou mesmo alemão? Ou até português?*

As (re)afirmações identitárias de Bruno são estratégicas em meio a um processo de identificação marcado pelo confronto violento com o outro e pela afirmação da não assimilação e da resistência. É o confronto explícito e a interpretação histórica que faz desse confronto que levam Bruno a afirmar ainda que:

> *Eu amo, o Brasil pra mim... sou eu, assim, o Brasil tá em mim, eu sou brasileiro. Existe uma coisa aqui num processo de integração, tanto em Portugal, mas que também é vivido aqui [na Alemanha] é que é necessário que o sujeito se destitua do que é, eles se lascam porque eu não vou me destituir do que eu sou. Eu não tenho saudade do Brasil porque eu estou sempre em mim, eu sou do Brasil.*

As (re)afirmações de identidade presentes no processo de

identificação experimentado por Bruno em seu enfrentamento com o português no contexto claramente interpretado como pós-colonial, além de reforçarem sua estratégia de confronto aberto às hierarquias construídas no cenário hodierno entre metrópole e ex-colônias, reforçam também o argumento da variedade e complexidade de processos de identificação multifacetados, dos elementos complicadores de um processo já em si complexo de (re)construção identitária em um contexto migratório, quando esse contexto envolve relações com um outro ambíguo, por estar presente na construção discursiva do "nós".

Diferente de relações coloniais tardias, ou mesmo de relações coloniais modernas em que a representação do "nós" foi construída frente ao posicionamento do colonizador como o "outro", a identidade brasileira não foi construída frente a construção do português como alteridade, pelo contrário o português foi discursivamente incorporado ao "nós" nas narrativas mestras da nação brasileira. Conforme nos lembra Rowland (2007):

> Há que se ter em conta o caráter artificial e construído da distinção entre "portugueses" e "brasileiros" no início do século XIX. Muito embora tenha havido uma (bastante limitada) consciência nativista entre alguns sectores do Brasil colonial, as circunstâncias que levaram à independência, em particular o facto insólito de a Corte se ter transferido para o Rio de Janeiro, fizeram com que as fronteiras entre os dois grupos fossem na década de 1820 fluidas e mal definidas (...). Há que se ter em conta as exigências, ao nível da produção de discursos de legitimação, do processo de construção da nova nação (...) Trata-se de um problema de fundo que foi obtido repostas diferentes e contraditórias ao longo do século XIX e durante a primeira metade do século XX (p. 401).

Sabemos que as respostas obtidas na primeira metade do século

XX – que constituiriam as narrativas mestras da "brasilidade" – incorporaram o elemento português como fundante da identidade nacional. Esse "nó identitário" prenhe de ambivalências pode ser encontrado inclusive em um projeto de identificação tão sólido teoricamente e politicamente refletido como o de Bruno, que constrói a representação negativa de uma identidade portuguesa fundada na violência colonial, e a representação positiva de uma identidade brasileira marcada pela miscigenação, sem levantar considerações sobre se tratarem ambas as representações de dois lados de uma mesma moeda, de serem construídas sobre processos históricos violentos que, na construção discursiva de uma identidade brasileira mestiça, foram tornados ambivalentes, emprestando positividade à relações de estupro e violações de toda sorte.

4. BRUNO NA ALEMANHA

Ao ser levado pela condução da entrevista a falar um pouco de sua experiência migratória na Alemanha, após uma longa e densa narração sobre as experiências em Portugal, Bruno surpreende ao relativizar uma situação violenta, ainda que em sua aguçada percepção das relações político-sociais intrínsecas ao processo migratório contemporâneo perceba o caráter essencialmente violento do ocorrido. A transcrição é longa, mas necessária:

> *Então, quando eu vim pra cá tinha aquela, houve a unificação das fronteiras. Tinha acontecido um mês antes, uma coisa assim. E eu totalmente esqueci daquilo, esqueci. Não me dei conta daquilo. Porque até então se eu viesse pra cá, eu estaria*

vindo, não seria considerada a minha entrada em Portugal, seria considerada a minha entrada aqui nesse Estado. E na relação do Brasil com a Alemanha não seria problemático. Mas no Tratado da Europa se considerava aquela data de entrada, então estava fazendo uma entrada, digamos assim, irregular (...). Então, não teve outra. Bateu no aeroporto, quando viram o negão descendo: - Que faz aqui? Expliquei. Tinha os documentos da faculdade, coisas da faculdade, carteira de estudante, certidão de matrícula, essas coisas. Apresentei, expliquei, tava com as notas que eu andava com ela sempre, que tinha que andar com ela e com o formulário dos processos de imigração, apresentei. Nada era válido (...) pra Alemanha. Ou pelo menos praquele funcionário. Aí tentam, como era Natal, tentaram entrar em contato com um Serviço Estrangeiro de Fronteira em Portugal e não conseguiram. Resultado: lá vou eu ficar detido no aeroporto. Aí me fazem comprar uma passagem pro mesmo dia – cheguei de manhã, mas pro mesmo dia à noite de retorno (...). Quando foi a noite, não me deixaram embarcar, porque não tinham tido uma resposta do serviço estrangeiro de Portugal. Isso eu acho que era, o povo já tava em festa (...). Aí me fizeram, acho que foi isso, me fizeram comprar uma outra passagem pra amanhã. Aí, pronto. Agora, a relação propriamente era um tratamento, digamos assim, não era um tratamento bruto. Óbvio que a violência de quem tá nessa situação sempre vai ser violentado, mas a relação com o outro não era uma relação bruta. Não era uma relação bruta, as pessoas pedindo por favor, me chamavam de senhor, se eu quisesse fumar, as pessoas me acompanhavam até o lugar, me deixavam sozinho fumando. Depois eu tocava pra entrar. E não tava num local preso. O cara me deixava na escada que eu podia correr. Mas, assim. E era uma relação amistosa. Me forneceu informação, pra eu tá me situando. Tinha essas cordialidades. Então não foi uma coisa tão traumática nesse sentido, apesar das burocracias. Apesar dos erros de condução da situação. Porque me pediram pra comprar uma outra passagem, já vai a segunda. Quando eu vou embarcar de manhã não me permitem embarcar. Então comecei a ciscar. Eu sei que, por fim, houve uma consulta à uma instância judicial e o juiz me autorizou a ficar cinco dias em Portugal, em Portugal não, na Alemanha (...). Fiquei com autorização de permanência, mas o passaporte ficou detido. Mas, havia assim, tava entendendo... O policial me olhava e fazia "schade" ("que pena!"). Havia essa, digamos assim, esse entendimento do que era a situação de constrangimento. Não era essa coisa tão, assim, tem a burocracia que o cara tem que te seguir, que é uma merda, mas ele também é obrigado a seguir, porque faz parte da rotina do trabalho dele, mas a forma como ele faz isso não é uma forma tão, digamos assim, não é mais violenta excessivamente violenta, ele não contribui pra ampliar essa violência que tá sendo cometida.

A clara mudança de tom na interpretação da situação de constrangimento e violência, admitida e matizada, revela um projeto identitário singular nas narrativas colhidas. Parece-me bastante óbvio que Bruno em momento algum deixa de reconhecer a violência institucional presente também na primeira experiência na Alemanha, mas não vê aí presente, ou ao menos não revela em seu projeto identitário, a violência colonial exercida entre sujeitos coloniais hierarquicamente vinculados. A violência revelada é, na interpretação de Bruno, uma violência institucional e distante: a violência do Estado moderno presentificada pelo sujeito representante do Estado alemão naquele momento. Contudo, a violência é exercida a contragosto, pois, para Bruno, o sujeito que o submetia àquela situação de violação o fazia dizendo *"schade"* ("que pena!"). Cabe destacar que a expressão, se foi dita, dificilmente poderia ter sido compreendida por Bruno, que, na ocasião, não falava alemão. A expressão de lamento do oficial alemão pode ter sido então uma interpretação de gesto e olhares feitas por Bruno.

Interessante também é uma inversão interpretativa feita por Bruno se comparada a muitas outras narrativas e mesmo a um imaginário coletivo sobre o comportamento de alemães. A impessoalidade no trato, a formalidade, o atendimento rígido das normas, muitas vezes interpretado como frieza e rudeza, Bruno interpreta como uma *relação amistosa* e como *cordialidades*. Em interpretação de um conjunto de outras narrativas colhidas na Alemanha, faço uma adaptação de categorias de Mário Erdheim (1988) para traçar um campo de possibilidades das construções identitárias de brasileiros/as na Alemanha frente a construção de diferenças com alemãs/es, que, conforme aquele texto (FEIJÓ, 2007), vão desde uma alterrepresentação mal resolvida à xenofilia. Bruno constrói uma narrativa identitária em relação aos alemães que, aproveitando as categorias anteriores, poderia ser classificada como alterrepresentação bem resolvida, na qual as diferenças construídas são entendidas apenas como diferenças e não são hierarquizadas. Contudo, tal classificação é incompleta, pois o projeto identitário que ela ajuda a construir só pode ser compreendido e revelado pela comparação feita por Bruno entre as experiências de imigração em Portugal e na Alemanha.

> Eu levei cinco anos pra conseguir meu cartão de permanência em Portugal tendo bolsa na universidade, tendo feito trabalhos na universidade que renderam reconhecimentos de tecnologia social, produzidos em Portugal; pagando segurança social. Foram cinco anos. Aí cheguei aqui, quando cheguei aqui, todos os papéis do mundo que você precisa apresentar. Aí saí botando em cima, eu sou horrível com papel, sou desorganizado com papel, aí saí botando os papéis e sujeito olha aquilo ali e começa a ficar assustado. Aí daqui a pouco ele pega os papéis e vai botando em ordem, dentro da lógica dele, dentro da construção processual. Aí olha um, olha outro, olha um, olha outro, me faz umas duas ou três perguntas irrelevantes, me dá algumas explicações e em vinte minutos eu tenho minha autorização de permanência pra viver aqui. Se você me perguntar o que é mais violento: cinco anos ou vinte minutos?

É no momento da comparação que se revela um dos projetos identitários mais bem trabalhados e autoconscientes das entrevistas realizadas, projeto que eu nomeio aqui como projeto identitário de um sujeito decolonial deslocado, em alusão às reflexões de autores e autoras do giro decolonial (CASTRO-GÓMEZ; GROSFOGUEL, 2008).

Como intelectual atuante, Bruno denuncia em sua narrativa a situação de colonialidade que percebe no contexto migratório brasileiro e, embora não se possa dizer que não perceba, deixa de destacá-la no contexto migratório brasileiro na Alemanha. Para tanto, não deixa de trilhar caminhos ambíguos no elogio da miscigenação como modelo de integração, que se liga umbilicalmente à questão da colonialidade no Brasil e na América Latina, e tem que trabalhar com algumas inversões da memória cultural compartilhada por meio da memória comunicativa empenhada no enfrentamento das hierarquias coloniais percebidas como mais estruturantes em Portugal do que na Alemanha. Dessa forma, Bruno não abandona a matriz modernista de construção de identidades brasileiras, mas a reinventa e a usa como ferramenta discursiva de enfrentamento à colonialidade e não de reprodução da situação colonial. Não cabe aqui julgar a eficácia dessa estratégia, mas apenas tentar revelá-la em sua complexidade como um projeto *sui generis* de invenção de rotas, que subverte as raízes do passado (HALL, 2007).

5. CONSIDERAÇÕES FINAIS

Presentes no processo de construção de uma determinada identidade nacional brasileira, discursivamente hegemônica desde sua invenção nas décadas de 20 e 30 do século XX, as representações de uma identidade ibérica (ou, mais precisamente, portuguesa) como matriz maior de uma identidade brasileira forjada no modernismo e no ensaísmo de um Paulo Prado (1998), de um Sérgio Buarque de Holanda (2001) e de um Gilberto Freyre (2006), entre outros, e de uma identidade norte-europeia, como o outro exterior que nos constitui (também inventado pela mesma tradição modernista), estão presentes em muitas narrativas identitária de imigrantes brasileiras e brasileiros que deixam o Brasil para reorganizarem suas vidas e suas identidades no "velho continente". Se em Portugal as "Raízes do Brasil" fornecem elementos para narrativas dúbias, nas quais semelhanças e diferenças são evocadas em vários níveis que dificultam a percepção de uma dualidade identitária formada pelo par nós-eles; na Alemanha, a dualidade se mostra em muitos casos mais perceptível. Contudo, a dualidade nem sempre contribui para simplificar o processo identitário, o que se deixa perceber na narrativa de Bruno, um imigrante com uma dupla experiência migratória em Portugal e na Alemanha. As inevitáveis comparações entre as duas experiências revelam percepções de processos infinitamente mais tensos e violentos vividos entre os que muitas vezes se confundem com o nosso "nós", e nos parecem mais próximos, do que entre aqueles que normalmente nos parecem mais distantes e nos servem como parâmetro das diferenças em nossas invenções identitárias. As comparações constroem uma narrativa identitária *sui generis*, que nos leva a novas reflexões sobre as possibilidades de construções de identidades em processos migratórios sul-norte, em que ideias como o equilíbrio de antagonismo (VIANNA, 2000) suscitado pelas diferenças identitárias com norte europeus e o jogo de espelhos (MACHADO, 2006) construído a partir das identidades com os patrícios da ex-metrópole se rearranjam frente à clara percepção da permanência da violência colonizadora historicamente localizada e sua não-percepção alhures, quando a história aparenta não nos unir. Ao revisitar a pesquisa maior na qual se insere uma interpretação prévia à aqui apresentada (FEIJÓ, 2015) e ao voltar a trabalhar sobre a narrativa de Bruno, tentei destacar no presente artigo a complexidade das tessituras de identidades construídas nos processos de migração que tão fortemente caracterizam a contemporaneidade, voltando-me aqui um pouco mais para a permanência da violência colonial que marca em grande parte esses processos.

Referências

ABRAMS, L. Oral history theory. London: Routledge, 2010.

ALBERTI, V. Narrativas na história oral, em Anais eletrônicos do Simpósio Nacional de História. João Pessoa: ANPUH-PB, 2003. Disponível em: http://www.cpdoc.fgv.br/ Producao_intelectual/htm/tp_download.htm.

ALMEIDA, M.l V. de. O Atlântico pardo. Antropologia, pós-colonialismo e o caso lusófono. In: ALMEIDA, M. V.; BASTOS, C.; FELDMAN-BIANCO, B.. Trânsitos coloniais: diálogos críticos Luso-Brasileiros. Campinas: Unicamp, 2007.

ALMEIDA, M. V. de. Um mar cor da terra: "raça", cultura e política da identidade. Oeiras: Celta Editora, 2000.

ASSMANN, J.. Communicative and cultural memory. In: ERLL, Astrid;

NÜNNING, Ansgar (Eds.). A companion to cultural memory studies. Berlin: De Gruyter, 2010.

BAL, M.. Close Reading today. From Narratology to cultural analysis. In: GRÜNZWEIG, W.; SOLBACH, A. Grenzüberschreitungen: Narratologie im Kontext. Tübingen: Gunter Narr, 1999.

BAUER, M.; GASKELL, G.. A pesquisa qualitativa com texto, imagem e som. Petrópolis: Editora Vozes, 2002

CASTELO, C.. O modo português de estar no mundo: o luso-tropicalismo e a ideologia colonial portuguesa (1933-1961). Porto: Edições Afrontamento, 1998.

CUNHA, E. L.. Comemorações dos descobrimentos: reconfigurações contemporâneas da nacionalidade no Brasil e em Portugal. Em: FELDMAN-BIANCO, B. (org.). Nações e diásporas: estudos comparativos entre Brasil e Portugal. Campinas: Unicamp, 2010.

CUNHA, E. L.. O Brasil no imaginário português. Revista Semear, nº 6, 2002. Disponível em: www.letras.puc-rio.br/unidades&nucleos/catedra/revista/6Sem_11.html, Data de acesso: 31/07/2016.

DE FINA, A.. Identity in narrative. A study of immigrant discourse. Amsterdam Philadelphia: John Benjamins Pub. Co., 2003.

ERDHEIM, M.. Psychoanalyse und Unbewußtheit in der Kultur. Frankfurt am Main: Suhrkamp, 1988.

FAIRCLOUGH, N. Analysing Discourse. London: Routledge, 2003.

FEIJÓ, G. V.. O Brasil lá fora: a invenção de nacionalidades brasileiras na Alemanha e em Portugal (1989-2012). Narrativas e Discursos de Identidade. Tese (Doutorado em História). Universidade de Brasília, Friedrich-Schiller-Universität Jena, Brasília-Jena, 2015.

_____, G. V. Mundos y mitos en construcción: la reafirmación del 'ser brasileño' en una situación de encuentro cultural. In Durán, Juan de Dios Luque & Antonio Pamies Bertrán (eds.). Interculturalidad y Lenguaje II.

51-59. Granada: Método, 2007.

FELDMAN-BIANCO, B.. Entre a "fortaleza" da Europa e os laços afetivos da "irmandade" luso-brasileira: um drama familiar em um só ato. In: ALMEIDA, M. V.; BASTOS, C.; _____B.. Trânsitos coloniais: diálogos críticos Luso-Brasileiros. Campinas: Unicamp, 2007.

CASTRO-GÓMES, S.; GROSFOGUEL, R.. El giro decolonial. Reflexiones para una diversidad epistémica más allá del capitalismo global. Bogotá: Siglo de Hombres, 2008.

FREYRE, G.. Casa-Grande e Senzala. São Paulo: Global, 2006.

GÓIS, P.; MARQUES, J. C.; PADILLA, B.; PEIXOTO, J.. Segunda ou terceira vaga? As características da imigração brasileira recente em Portugal. Em: PADILLA, B.; XAVIER, M. (orgs.). Revista Migrações – Migrações entre Portugal e América Latina, nº 5, outubro, 2009.

HALL, S.. Quem precisa de identidade? In Silva, Tomás Tadeu (org.). Identidade e diferença. A perspectiva dos Estudos Culturais, 103-133. Petrópolis: Vozes, 2007.

HOLANDA, S. B. de. Raízes do Brasil. São Paulo: Cia das Letras, 2001.

LABOV, W.. Some Further Steps in Narrative Analysis. In: BAMBERG, Michael (ed.). Oral versions of personal experience. Three decades of narrative analysis. A special issue of The Journal of Narrative and Life History, 7, 1997.

MACHADO, I. J. de R. Estereótipos e encarceramento simbólico no cotidiano de imigrantes brasileiros no Porto. Em: Um mar de identidades. A imigração brasileira em Portugal. São Carlos: Edufscar, 2006.

MALHEIROS, J.M. (org.). Imigração brasileira em Portugal. Lisboa: ACIDI, 2007.

MOTTA, L. G.. Análise crítica da narrativa. Brasília: Editora da UnB, 2013.

PADILLA, B.. A imigrante brasileira em Portugal: Considerando o género na análise. Em: MALHEIROS, J. M. (org). Imigração Brasileira em Portugal. Lisboa: ACIDI, 2007.

_____, B.. Género e migrações: o que sugere o estudo das imigrantes brasileiras em Portugal. Em: CARVALHO, F. et al. (orgs). Atas do 1º Seminário de Estudos sobre a Imigração Brasileira na Europa. Barcelona, 2010.

PADILLA, B.; FERNANDES, G.; GOMES, M. S. Ser brasileira em Portugal: imigração, género e colonialidade. Em: CARVALHO, F. et al. (orgs). Atas do 1º Seminário de Estudos sobre a Imigração Brasileira na Europa. Barcelona, 2010.

PRADO, P. Retrato do Brasil. Ensaio sobre a tristeza brasileira. São Paulo: Companhia das Letras, 1998.

RESENDE, V de M. Análise de Discurso Crítico e Realismo Crítico. Implicações Interdisciplinares. Campinas: Pontes, 2010

RIBEIRO, M M T. Il Portocallo nello spazio comunitario. Globalizzazione e coesione nazionale. In: Landuyt, Ariane (org.). L'Unione Europea tra riflessione storica e prospettive politiche e sociali. Siena: Protagon Editori Toscani, 2000.

ROWLAND, R. A cultura brasileira e os portugueses. In: ALMEIDA, M. V.; BASTOS, C.; FELDMAN-BIANCO, B.. Trânsitos coloniais: diálogos críticos Luso-Brasileiros. Campinas: Unicamp, 2007.

SIMAI, S. Three fantasies of nations. In: HOOK, Derek & SIMAI, Szilvia. Brazilian subjectivity today. Migration, identity and xenophobia. Vila María: Eduvim, 2012.

VAN LEEUWEN, T. Discourse and Practice. New tools of Critical Discourse Analysis. New York: Oxford University Press, 2008.

VIANNA, H. Equilíbrio de Antagonismos. Folha de São Paulo, Caderno Mais!, 12 de março de 2000, pp.21-22

CAPÍTULO 6

O uso da empatia no Serviço Social na problematização da migração de mulheres brasileiras[29]

Diana Marciele Kerber, Universidade Técnica de Dortmund, Alemanha

1. INTRODUÇÃO

O elevado número de emigrados brasileiros, que em 2013 segundo o Ministério das Relações Exteriores – MRE (2013) – chegou a quase três milhões, tem chamado cada vez mais a atenção e interesse de pesquisadores. Devido à limitação de espaço neste artigo me delimitarei aqui à migração de mulheres brasileiras para Alemanha e aos problemas oriundos dessa migração, foco de meu trabalho. Para isso, mencionarei num primeiro momento alguns dados estatísticos sobre os/as brasileiros/as neste país. Num

---

[29] Este texto é baseado na tese de doutorado da autora, que se encontra em andamento e obteve financiamento da CAPES/Brasília.

segundo momento apresentarei alguns estudos sobre a migração deste grupo de migrantes na Alemanha para poder assim, num terceiro momento, apontar as lacunas existentes neste campo da pesquisa, principalmente em relação à atuação do Serviço Social.

Segundo estatísticas do Governo Alemão (STATISTISCHES BUNDESAMT, 2015, p. 39) o número de brasileiros morando na Alemanha em 2013 foi de 36.300, sendo que deste, 11.552 eram homens e 24.748 mulheres, ou seja, o número de mulheres ultrapassou o dobro do número de homens. Enquanto as estatísticas do Governo Alemão apontam um total de mais de 36 mil brasileiros na Alemanha, as estatísticas do Governo Brasileiro apresentam um número de 113 mil brasileiros neste país (MRE, 2013). Essa enorme diferença estatística pode estar relacionada ao fato de que nas estatísticas alemãs os brasileiros com cidadania alemã ou europeia aparecem como "alemães" (STATISTISCHES BUNDESAMT, 2015) ou "europeus" (BUNDESMINISTERIUM DES INNERN, 2009), enquanto que esses mesmos brasileiros aparecem nas estatísticas brasileiras como "brasileiros". A partir das estatísticas alemãs pode-se ver que o número de brasileiros que adquiriram a cidadania alemã entre 2003 e 2013 foi de 8.843. Quase 74% deste número é de mulheres (STATISTISCHES BUNDESAMT, 2011). Questionável, no entanto, é se esse número de brasileiros que adquiriu a cidadania alemã explica essa diferença estatística. As estatísticas brasileiras são apontadas como estimativas, visto que se baseiam nos dados dos consulados e embaixadas brasileiras que podem ser demasiadamente elevadas. Discutível também é a apreensão nas estatísticas dos brasileiros/as que se encontram na Alemanha de forma irregular, o que pode contribuir para a diferença (MRE, 2011; MRE, 2018).

O significativo número de brasileiras na Alemanha passa a despertar o interesse de pesquisadores para os problemas oriundos dessa migração, como, por exemplo, o tráfico de mulheres nordestinas através do turismo sexual (BISCHOF, 1999; PRESTRELLO & DIAS, 1996; PRESTELLO, 2003), a vida na ilegalidade (VOGEL, 1996; JORDAN;VOGEL & ESTRELLA, 1997; JORDAN & VOGEL, 1997) e a educação dos filhos biculturais (BRUNNER, 2014). Notório é o fato de que estudos mais recentes tem se orientado cada vez mais numa perspectiva transnacional. O foco das análises não tem sido mais o país de chegada – Alemanha – ou o país de origem – o Brasil – em forma de "containers nacionais", mas sim como um espaço que, devido a dissolução dos limites nacionais a partir da interação física e/ou virtual dessas mulheres entre esses dois países, o caracteriza como transnacional, ou seja, um espaço enormemente expandido e transformado a partir da fusão das identidades nacionais e construção de uma nova (PRIES, 2008). Novas formas de comunicação e possibilidades de locomoção, assim como de transferência de dinheiro, têm contribuído de forma significativa para essa transnacionalização (PRIES, 2008).

Análises apontam para a existência de espaços sociais transnacionais entre Brasil e Alemanha através da formação de redes de contato antes mesmo de essas mulheres migrarem (STELZIG-WILLUTZKI, 2012). Essas redes são de grande importância para o planejamento da migração, assim como para a inserção no mercado de trabalho e para uma estadia mais longa no novo país (STELZIG-WILLUTZKI, 2012). Uma vida transnacional, no entanto, está limitada a classes sociais mais privilegiadas que têm poder econômico para acessar esse progresso (STELZIG-WILLUTZKI, 2012). A formação de espaços sociais transnacionais a partir da migração depende, no entanto, não somente da situação financeira para poder-se acessar o mundo virtual e/ou o financiamento das viagens, mas também das experiências vividas na Alemanha. Experiências negativas que possam colocar em risco o status dessas mulheres no Brasil – como, por exemplo, problemas no casamento ou divórcio – podem levar a um afastamento da família (KERBER, 2012).

A identidade dos migrantes brasileiros e dos próprios nacionais alemães passa também a ser analisada a partir da perspectiva da transnacionalização. Lidola (2009) mostra que mulheres brasileiras em Berlim, que se autodeterminam como negras ou morenas, "negociam" esses estereótipos na medida em que vão permanecendo nesta cidade. Por um lado essas mulheres tiram proveito econômico desses estereótipos, como por exemplo, através da criação de escolas de dança, como o samba, e salões de depilação (LIDOLA, 2009). A sensualidade da mulher brasileira é neste caso o produto a ser vendido. Por outro lado, esses estereótipos podem dificultar a vida dessas mulheres, o que faz com que elas se afastem deles. Segundo a autora, isso pode se dar através da mudança de aparência física – evitar banhos de sol e alisar os cabelos – ou da adaptação do comportamento ao dos alemães (LIDOLA, 2009).

O expressivo número de migrantes brasileiros tem levado atores a formularem políticas de Estado para esses brasileiros e seus descendentes no exterior, o que BRUM (2018) denomina de políticas de vinculação. As ONGs no Brasil são vistas como atores que estão despertando para problemas oriundos da migração, principalmente para o problema do tráfico de pessoas e da prostituição forçada. Em relação às ONGs estrangeiras já existe uma relação delas disponibilizadas no site do MRE. O que falta, no entanto, é uma inter-relação de instâncias do Estado brasileiro com as mesmas. Quanto às associações de brasileiros na Europa, estas são vistas como em processo evolutivo. O que pode ser identificado também são participações de brasileiros no Conselho de Estrangeiros da comunidade local de Munique/Alemanha (FIRMEZA, 2007).

Estudos na Alemanha vêm apontando cada vez mais as ONGs como importantes mediadores na questão dos direitos humanos no processo da globalização (BRUNNENGRÄBER; KLEIN; WALK, 2005) e como um campo fértil para a atuação do Serviço Social (SCHRÖDER; HOMFELDT, 2013). O conhecimento transnacional – uma forma de conhecimento baseado na fusão de saberes de dois ou mais contextos nacionais (BENDER et al., 2013) – no trabalho dessas ONGs desempenha um papel fundamental na intervenção do Serviço Social, na medida em que permite compreender as transformações sociais da realidade e a formação de novas estruturas, como por exemplo, as decorrentes dos fluxos migratórios. Ao se analisar essa forma de conhecimento é preciso evidenciar as suas referências nacionais e as mudanças que este conhecimento sofre neste processo de transnacionalização (BENDER et al, 2013). Segundo SCHRÖDER & HOMFELDT (2013), uma questão fundamental no Serviço Social consiste na capacidade desta profissão vincular diferentes facetas do conhecimento e aplicá-las em novos espaços.

A partir da perspectiva da sociologia do conhecimento, essas análises buscam discutir o surgimento, a disseminação, a produção e transferência do conhecimento dessas ONGs. Fortes estruturas de práticas que se caracterizam como transnacionais puderam ser identificadas até o momento em ONGs formadas por brasileiras na Alemanha que atuam na área da migração (DUSCHA, 2013a, 2013b). No entanto não se sabe nada em relação a esse tipo de prática por parte das ONGs do Brasil. Sendo assim, busco apresentar neste artigo algumas ideias de como essas ONGs brasileiras vêm contribuindo em processos de problematização da migração de mulheres brasileiras para a Alemanha nesse espaço transnacional a partir do sentimento da empatia. A empatia é tida como uma competência importante dos Assistentes Sociais. No entanto ela ocupa uma posição marginal na área da pesquisa. Meu objetivo aqui não é analisar a empatia a partir de critérios normativos, apontando assim, quem vem a ser empático ou não, mas sim compreender esse sentimento em sua gênese e transformação a partir da perspectiva da sociologia do conhecimento.

2. METODOLOGIA E TRABALHO EMPÍRICO

Os sujeitos da minha pesquisa não são as mulheres migrantes em si, mas sim os atores de ONGs do Brasil que problematizam a migração dessas mulheres, a quem denomino de experts. Segundo Bogner, Littig e Menz,

> *"experts podem ser compreendidos como pessoas, que – partindo de um conhecimento específico prático ou vivencial que se refere a uma área de problemas claramente definível – criaram a possibilidade de, a partir de suas interpretações, estruturar o campo de intervenção concreto para os outros de forma útil e interventiva" (2014, p. 13, tradução nossa).*

Os experts têm importância na medida em que eles possuem um amplo conhecimento no decorrer de sua prática não somente para a resolução de problemas, mas também para o reconhecimento e compreensão das causas do problema (PFADENHAUER, 2005). Além disso, eles têm acesso privilegiado a informações sobre um determinado grupo de pessoas ou decisões assumindo a responsabilidade na projeção, implementação e controle da solução de problemas (MEUSER; NAGEL, 1991). O que difere um expert de um especialista é o fato de que além de ele saber o que o especialista sabe em seu campo de atuação e o que ele precisa para que suas tarefas sejam realizadas (conhecimento técnico), ele conhece complexos sistemas de relevância desse conhecimento e como estas duas dimensões estão relacionadas (HITZLER 1994).

Parte dos experts de ONGs nas regiões Norte, Nordeste, Centro-Oeste e Sudeste do Brasil entrevistados para a pesquisa vivenciou a migração e trabalhou em ONGs no exterior no atendimento a brasileiros/as e utilizam o conhecimento adquirido dessas vivências para problematizar a migração das mulheres brasileiras.

Meu objetivo não é analisar a migração em si desses experts, mas sim ver como eles utilizam o conhecimento adquirido a partir dessas vivências no processo de problematização da migração das mulheres brasileiras. Além disso, eu comparo esses experts com os experts sem experiências de migração, para poder assim ver como o sentimento de empatia neles é ativado (ou não) para uma realidade que eles mesmos não vivenciaram. Sendo assim, a migração de mulheres brasileiras para o exterior não é o foco de minha análise, mas sim foco dos sujeitos de minha pesquisa, servindo como pano de fundo.

Fatos sociais do "outro social" são problematizados a partir da subjetividade do indivíduo que os problematiza "em forma de interações e atividades, atribuição de significados e propriedades da interação social" (POFERL, 2010: 302; tradução nossa). Para apreender as estruturas do conhecimento de problematização (explicado no tópico 3), eu recorro a uma perspectiva metodológica orientada no sujeito – experts –, o qual ocupa um lugar central na captação e análise da realidade na medida em que ele permite uma interligação entre teorias da estrutura e teorias da ação (POFERL, 2009). Trata-se assim de buscar na existência individual dos atores sociais – constituída a partir do confronto com exigências, impertinências e possibilidades – o contexto social, condições, manifestações, consequências, potenciais de atrito e conflito (POFERL, 2010). "Para a 'imediaticidade do indivíduo e da sociedade' correspondem formas de uma reestruturação social, que podem ser decifradas [...] a partir de processos de formação de instituições e de discursivização da realidade social, de subjetivação e uma estruturação desrotinizada [...] da prática social" (POFERL, 2010: 305; grifos no orig.).

O trabalho empírico é concretizado a partir da Grounded Theory, um estilo (além de um método e/ou uma metodologia) de pesquisa fundamentado no pragmatismo e no interacionismo simbólico que tem o sujeito da (inter)ação como ator central para a apreensão da realidade (STRAUSS; CORBIN, 1996; GLASER; STRAUSS, 2010). A partir dessa metodologia é possível apreender como os sujeitos entrevistados – atores das ONGs do Brasil – recorrem a estruturas objetivas – marxismo no Serviço Social – em suas intervenções, qual significado eles atribuem as mesmas (estrutura subjetiva) e como essas estruturas vão se transformando na medida em que o conhecimento desses atores vai se transnacionalizando ou cosmopolitizando no decorrer de suas (inter)ações e intervenções (transformação do conhecimento).

3. FUNDAMENTOS TEÓRICOS PARA UMA ANÁLISE SOBRE PROBLEMAS TRANSNACIONAIS

O referencial teórico utilizado é o da sociologia do conhecimento, uma metaperspectiva a partir da qual parte-se do princípio de que não são as estruturas sociais objetivas, mas sim as formas discursivas de conhecimento coletivo que fazem com que um fato social seja reconhecido como um problema social na sociedade (SCHETSCHE, 2008). Grupos sociais têm um estilo próprio de pensar e interpretar o mundo que os cerca, e a estrutura objetiva vista como fatores reais proporciona somente um quadro no qual ideias e valores assumem uma identidade independente (SCHETSCHE, 2000). Poferl (2016) sugere os termos conhecimento de problematização (Problematisierungswissen) e horizontes de relevância (Relevanzhorizonte) para a análise de problemas sociais: "o conhecimento de problematização refere-se a definições situacionais estruturadas discursivamente e processos de interpretação públicos e cotidianos, a partir dos quais é atribuído um caráter de problema a determinados fatos sociais" (POFERL, 2016: 189; tradução nossa) ou seja, eles são vistos como inaceitáveis/insustentáveis necessitando assim de intervenção (POFERL, 2016). Já

> *a idéia de horizontes de relevância abrange o desenvolvimento de relações de significado e espaços simbólicos, nas quais as coisas (ideias, pessoas, artefatos) se tornam significativas e adquirem validade - parcialmente dentro e parcialmente fora de convenções de interpretação e órbitas definidas" (POFERL, 2016: 189; tradução nossa).*

O conhecimento de problematização e a ideia de horizontes de relevância são, segundo POFERL (2016), centrais na construção de problemas globais e de formas de socialidade e subjetividade cosmopolita. Através do conhecimento de problematização como, por exemplo, a empatia que se tem para o sofrimento do "outro global", alteram-se os horizontes de relevância culturais, sociais e subjetivos, na medida em que se questiona "quem para quem como por que algo diz respeito", levando assim a uma "renegociação do social" (POFERL, 2016: 189 - 190).

A empatia "é determinada por formas objetivamente impostas de relevância e ressonância, que são sempre culturalmente situadas, mas que em concreto, dependem de relações-sujeito-objeto específicas e atos correspondentes de atenção para com o outro" (POFERL, 2014: 176; grifos no orig.; tradução nossa). Segundo Poferl (2014), a empatia consiste num sentimento que nos permite de forma imaginária nos colocar no lugar do outro e sentir o seu sofrimento – ou sua felicidade – de tal forma como se fosse o nosso próprio. "Já no próprio ato de sentir, são contidas regras, institucionalizações, estoques de conhecimento coletivo e esquemas interpretativos, ou seja, toda a esfera social e socialmente definida" (POFERL, 2014: 177; tradução nossa). Sendo assim "[o]s processos históricos, discursivos e culturais da subjetivação, ou seja, a formação de visão de homem e construções de sujeitos, bem como a modalidade de experiência em cada relação sujeito-objeto específica, socialmente significativa, desempenham um papel decisivo para isso" (POFERL, 2014, p. 192; grifos no orig.; tradução nossa).

A partir desses fundamentos, parte-se do princípio de que cada contexto nacional tem a sua forma própria de sentir empatia e que esta pode se diferenciar de um contexto para outro. Tendo em vista que o Serviço Social é uma profissão – assim como todas as outras institucionalizadas a partir da realidade do contexto nacional no qual está inserido, o que lhe atribui características próprias -, entende-se que o Serviço Social do Brasil, a partir de suas correntes filosóficas e seus fundamentos teóricos, também tem a sua forma própria de sentir empatia. Para que essas estruturas possam ser identificadas no trabalho de análise, aponto a seguir de forma sucinta fundamentos de seus estoques de conhecimento coletivo que o caracterizam como tal no Brasil.

O Serviço Social brasileiro tem forte influência (neo)marxista. Segundo Marilda Iamamoto (2014) – uma figura central para a formação de um Serviço Social crítico no Brasil – o Serviço Social brasileiro construiu um patrimônio sociopolítico e profissional que o difere a nível mundial. Para a autora, "o núcleo desse patrimônio é compreensão da história a partir das classes sociais e suas lutas, da centralidade do trabalho e dos trabalhadores" (IAMAMOTO, 2014: 613; grifos no orig.). A categoria profissional vê a questão social como o seu objeto de intervenção, sendo ela

> *"apreendida como o conjunto das expressões das desigualdades da sociedade capitalista, que tem uma raiz comum: a produção social é cada vez mais coletiva, o trabalho torna-se mais amplamente social, enquanto a apropriação dos seus frutos mantêm-se privada, monopolizada por uma parte da sociedade" (IAMAMOTO, 1999: 27).*

Para Iamamoto (1999), a categoria profissional não pretende, no entanto, a partir da questão social apontar somente a desigualdade que fica visível na medida em que se comparam ricos com pobres. Menos ainda tem-se em vista igualá-la a uma situação social problema, como foi feito no passado ao se recorrer a pressupostos do positivismo e da fenomenologia, a partir dos quais a compreensão do problema era reduzida às dificuldades do indivíduo. A partir da questão social têm-se como principal objetivo decodificar a origem da desigualdade social oriunda "[...] da concentração de renda, de propriedade e de poder [...]. Mas decifrar a questão social é também demonstrar as particulares formas de luta, de resistência material e simbólica acionadas pelos indivíduos" (IAMAMOTO, 1999: 59). Decifrar a questão social significa também compreender "as novas mediações" pelas quais ela se expressa, o que para IAMAMOTO (2014: 619; grifos no orig.) tem importância dupla: "[...] para apreender as várias expressões que assumem, na atualidade, as desigualdades sociais — sua produção e reprodução ampliada — e para projetar formas de resistência e de defesa da vida e dos direitos, que apontam para novas formas de sociabilidade".

5. ANÁLISE DA EMPATIA EM PROCESSOS DE PROBLEMATIZAÇÃO

Tendo em vista que são poucas as ONGs no Brasil que trabalham com o tema da migração e de que os experts são fáceis de serem identificados, não menciono dados como região, cidade, idade, sexo e outros. Como são poucos os homens que atuam neste campo, usarei a forma feminina quando me referir a eles no singular – a expert. Quando estiverem no plural, continuarei usando o termo os experts. As passagens das entrevistas aqui apresentadas consistem de entrevistas com cinco experts de quatro ONGs. A partir da análise dos dados, tão logo se pode identificar a influência do marxismo na forma de pensar e de sentir da expert:

> "AN: Não, eu acho que assim, a gente vive um contexto né, você é do Rio Grande do Sul né, então, o que vai formar a cultura do município que você veio no Rio Grande do Sul, são bases históricas bastante diferentes do que vai formar a cultura de um município do Nordeste isso eu acho que é importante a gente dar né? Que não é só geográfico, nem só histórico, mas que envolve como um município, como uma região foi povoada e como a

outra foi povoada né? Então a gente olha pro Nordeste a gente vê o quê? A gente vê é estados que vieram né, se formando a partir de uma economia de estratificação, de exploração, né, de invasão dos territórios ali, dos povos nativos com muito mais agressividade do que em outros estados Sul e Sudeste até porque havia toda uma relação assim de quem chegou né, quem chegou primeiro nos estados do Nordeste né em certa medida Centro-Oeste e Norte tinha uma determinada perspectiva que eram os portugueses né, então a perspectiva era explorar, matar, devastar, dominar né, é aniquilar aquela cultura até então que era uma cultura nativa, né e isso nos dá... aí você assim: "Ah mas isso tem quatrocentos, quinhentos e tantos anos". Sim, mas a gente tem quinhentos e tantos anos de formação e a gente tem cento e poucos anos de interrupção desse processo entre aspas bem grande né? Eu cheguei aqui vocês tavam falando de (nome de um político) né? É o príncipe, é o príncipe porque você cria uma cultura onde pessoas vão nascer privilegiadas, né, vão nascer assim abastecidas de oportunidades e condições de vida e outras vão nascer sem uma oportunidade nem condição de vida e você cria isso como algo natural né? Isso é natural que seja assim ah o mundo é assim [...]" (328-334).

A vulnerabilidade dos nordestinos, compreendida a partir da formação socioeconômica e política do Nordeste, ocupa lugar central na problematização da migração. O materialismo histórico fundamenta, assim, a construção do problema. A partir do materialismo histórico compreende-se que: "o modo de produção da vida material condiciona o processo de vida social, política e intelectual. Não é a consciência dos homens que determina o seu ser; ao contrário, é o seu ser social que determina sua consciência." (MARX, 2008: 47). A desigualdade social não é vista como algo natural e dada, mas sim historicamente condicionada por aqueles que são os donos dos meios de produção. Pode-se identificar aqui a formação de um quadro de referência de opressão no Nordeste, que diferentemente do Sul e Sudeste, se dá a partir da colonização dessa região pelos portugueses através da forma mais brutal e cruel possível: exploração, dominação, agressividade, morte, aniquilamento. A leitura da realidade a partir do conflito de classes gera sentimento de dor na expert, na medida em que ela identifica uma cultura de opressão e dominação institucionalizada, a partir da qual (muitas) pessoas já nascem com nenhuma ou pouca chance para mudar de classe e outras (poucas) pessoas com muitas chances de permanecerem numa classe privilegiada ou até mesmo de subirem mais alguns degraus na hierarquia. Essa classificação das pessoas por classe social e a dificuldade dos desprivilegiados em mudar de classe os coloca numa posição de vítimas. Essa vitimização ganha ainda mais força quando é feito um recorte de gênero:

> *"AN: [...] No Nordeste você vê que, essa relação patriarcado e gênero são coladas né? Essas mulheres elas vão sendo criadas pra serem as mães, as esposas, as filhas, sempre muito obediente, sempre muito dócil, porque não é doce é dócil num é? É mansa, né? [...]" (356-361).*

> *AN: Aí você tem que opções criadas com esses senhores de engenho, né? Prostituição, porque as meninas eram catadas a dedo, sobretudo as mais bonitas, né? Mulher muito pobre e muito bonita, diz uma teórica que é um complicativo em dobro. Porque ela não consegue passar imune na comunidade primeiro que a beleza dela assusta muita gente né? E também leva muita gente a querer explorá-la. Né? Então elas, eles faziam o quê? Eles iam fomentando toda uma cultura de usura das meninas, né? De utilização dos corpos, quer dizer a cultura era que os meninos fizessem suas primeiras noites com as filhas dos colonos, colono não diziam nada né, por quê? Porque você tinha todo uma formação de um povo né? De uma cultura, de uma civilização porque durante muito tempo o Nordeste foi uma civilização a partir do resto do Brasil, né? Galgada numa extrema obediência, num extremo perfil, né, de subserviência ao outro. [...]" (433-437).*

Expressões da questão social como, por exemplo, a coisificação dos corpos de meninas/mulheres e a exploração sexual têm a sua gênese nesse processo de formação do Nordeste. Toda uma classe desfavorecida é vitimizada, inclusive os pais das meninas. Eles não aparecem como alguém que possa ter algum tipo de vantagem e sim, muito mais como propriedade indireta dos senhores de engenho na medida em que são vistos como extremamente obedientes, o que mostra empatia para uma determinada classe – a classe dos oprimidos e dominados.

A partir dessas duas passagens fica claro que a expert identifica a instrumentalização da animalização do ser humano em favor de um sistema exploratório que desconstrói toda uma relação de afeto para com esse ser através de sua animalização. Ela humaniza esse ser na medida em que ela, a partir do materialismo histórico, o identifica como um sujeito instrumentalizado, devolvendo assim a ele toda a afetividade que lhe foi retirada. Essa afetividade que ela tem para com esse sujeito é resultado da empatia, que por sua vez, é produto de uma reflexão a partir da incorporação de uma visão de homem e de mundo segundo o conflito de classes, categoria central do marxismo.

A dor é um sentimento que não pode ser apenas compreendido, mas também sentido. Isso quer dizer que para se saber mais sobre a dor do outro, não basta entender a situação que levou a pessoa a sentir essa dor, mas também sentir a mesma dor. Como as vivências que geram esse sentimento de dor são muitas vezes um momento individual que não pode ser transferido para outros, elas são associadas a vivências parecidas da expert, podendo esta assim sentir carnalmente a mesma dor:

> "H: [...] Você não empodera mulheres, nem reverte, nem interrompe um processo de violência apenas por uma consciência política. Você tem que entender o que é o processo da violência, né? E esse processo da violência como nós entendemos... Por que nós trabalhamos com todos os profissionais? Porque se faz necessário. Pra você trabalhar a violência da outra, você entender quais são suas violências e que você sofreu alguma. Não há como você falar de uma coisa que dói, que marca, se você não reconhece a si próprio. Então, esse processo é um processo que quando você faz isso, quando você consegue que a outra pessoa se enxergue, se veja, identifique aquela chinelada da infância, aquela palmada na bunda, aquele xingamento constante né? Isso era violência? Você identifica o que é violência, que não são corretivos sociais ou educativos né? É, quando você toma consciência, difícil você não ter uma referência diretamente com tua. [...]" (215-217).

O sentimento de empatia pode ser tão intenso e originar um sentimento de pertencimento social entre afetados tão forte, capaz de dissolver divisas entre profissional e usuários:

> "CE: [...] [E]ntão eu tô vivenciando as histórias né, na comunidade e também, me resgatando como pessoa, porque né AN. a gente caminha junto com elas né? Não tem como a gente não caminhar, separar assim.
> AN: Não, não tem não, tem não, tem não, só se a gente não for com elas honestas, né, então a gente escuta e utiliza elas como coisas como todos os outros né? Porque se você for honesta, você se identifica com aquela fala, você chora, você se dói. Ontem na oficina, eu chorando e a moça que também fazia era da Defesa das Mulheres e também trabalhava com as mulheres prostitutas, disse: "Não, mas não chore não, educador não chora!", eu digo: "O quê? Eu choro, eu choro porque educador é gente!", entendeu? E é importante
> CE: Eu faço terapia comunitária né, e é isso, a terapia comunitária a gente não tá a parte, como terapeuta, a gente faz parte. Sabe, então as histórias mexem com a gente, porque aquela história daquela pessoa faz parte da minha história também. E como não me emocionar?" (1413-1431).

Essa empatia, que gera esse sentimento de pertencimento social, acaba sendo o motor propulsor do trabalho:

> "AN: É menino olhe eu gosto muito de Maria Bethânia quando diz: "Eu desejo amar todos que eu cruzar pelo meu caminho". Eu amo essa frase dela né? Porque humano é gente né minha gente? E elas assim, foi um momento da minha vida, eu casei com dezesseis anos, eu engravidei na adolescência, né, e eu engravidei virgem, então eu passei por uma série de preconceitos assim, então elas me resgatavam como mulher, como pessoa, me resgataram nas minhas violências, né, poxa eu tenho uma admiração, um respeito, e eu acho que por isso que eu sou tão aguerrida na luta com elas assim, eu não eu não engulo, eu não engulo, pode ser governador do estado, presidente da república, eu digo né? [...]" (1445-1452).

A empatia é voltada para as classes desprivilegiadas que, devido a sua posição de vítimas são as receptoras desse sentimento. Problematizado é o fato social "pobreza". Na medida em que ela é superada, como por exemplo, através de um casamento com um europeu, outros fatos sociais oriundos dessa migração – como a violência doméstica – não são problematizados pela expert com a mesma força e engajamento:

> "AN: [...] e aí elas chegavam lá e era bom, e era bom e elas casavam e elas tinham filhos e era massa porque quando elas voltavam, quando eu falo desse resgate da filha amada, é uma coisa bem prática, elas chegavam aqui, os primeiros locais que elas iam, para o shopping desfilar com o lorão dela, e dizer: "Olha me respeita você que é vendedora dessa loja que quando eu entrava enquanto negra torcia-me o nariz, me respeite que ó meu maridão aqui pagando as coisas!", então elas iam no calçadão assim, como eu conhecia muitas barraqueiras e eu vivi muito tempo lá, então tinha meninas que eu já tinha conversado com elas há dois anos, e viajou e casou e foi e voltou e tava bem, e tava feliz, bem entre aspas porque de repente o marido batia, mas a prima dela também apanhava do marido aqui, por que ela não vai apanhar do marido na Europa? É mais chique apanhar do marido na Europa, até porque ninguém vê né? A família não vê, quando tu chega aqui tu tá massa (---) né? Recauchutada, a família não vê, só vê tu linda né? (1303-1307).

Apesar das migrantes brasileiras serem vítimas de violência doméstica no casamento, a expert as vê como empoderadas devido a sua nova posição social e fica eufórica, pois o fato de ficar no Brasil e não casar com esse homem estrangeiro não teria as livrado dessa violência – e muito menos da pobreza. Mesmo com contratempos, esse casamento coloca essas mulheres numa situação vantajosa. Ele não só livra essas mulheres da pobreza, mas também dos estereótipos ligados a ela, como por exemplo, não ser atendida com respeito e dignidade numa loja de um shopping center pelo fato de se ser pobre e negra. Sendo assim, os problemas que surgem após a migração não são suficientemente competitivos com os problemas dessas mulheres antes de elas migrarem, o que faz com que eles não gerem dor na expert.

A empatia precisa ser motivada, justificada e corresponder com as construções da realidade social do sujeito que as constrói, caso contrário, ela não é desencadeada. O relato abaixo se baseia num contato de uma expert de uma ONG no Brasil com experts brasileiras de uma ONG na Alemanha:

> "H: [...] Digo vim (nome de um país da América Latina), um país entre, meio (palavra incompreensível) pro Nordeste brasileiro. Eu... teve um pouco um choque cultural. Cultural em todos os sentidos né? Os códigos são outros, as formas de vínculos são outras, a forma de diálogos são outras né? E durante muito tempo eu adorava aqui, adorava o clima, também tava enamorada, mas havia uma coisa que em mim não conseguia olhar Pernambuco, os pernambuqueses como eles são. Eu olhava a partir de uma lente, de uma de quarenta anos e uma forma de viver de subjetividade como outra realidade. É, digo isso porque me dá pra entender porque eu não tinha motivo pra me queixar ou grande digamos né? Quando, quando tivemos na (nome de uma ONG na Alemanha) a maioria delas são casadas com alemães, inclusive todas elas são profissionais, doutoras

> *muitas delas né? Eu escutava os discursos dessas brasileiras economicamente acomodadas, com uma estrutura familiar aparentemente a desejada, havia uma queixa que às vezes por um momento dizia: "Pô que grosseiras que são!". Uma queixa de: "Ah, o alemão é muito chato. Ah, os alemães são assim. Eu não posso, você não pode falar alto, ah ele não pode (balbucios)". Havia uma queixa, aquela coisa cultural que eu dizia: "Poxa se mulheres que eu não sei qual foi o primeiro vínculo...", eu sei que eu via situações dela muito confortáveis lá né, financeiramente, marido é profissionais, trabalhando em universidades, doutoras. Digo: "Se essas mulheres se queixam disso, imagina quem não tem" né? E os caras tranquilos, os caras não diziam nada. Teve uma noite me levaram pra jantar na casa de uma delas que eram como cinco casais de alemães com brasileiras e o negócio foi a queixa das brasileiras quanto à forma deles: "Ah ele é muito chato. Ah não quero que ele escute não sei o quê. Ah não sei o quê" [...]" (801-813).*

A pobreza não é socializada pela expert como algo que tenha atingido-a diretamente, mas através da incorporação da ideia do conflito de classes, a partir da qual se é sensibilizado para compreender a dor de uma classe bem específica: a dos trabalhadores. A classe dos acomodados – confortáveis financeiramente - é muito mais destinatária de críticas e não de empatia.

Ao se analisar o sentimento de empatia de uma expert que experenciou a migração num país europeu, percebe-se que ela não compara mais a situação de vida das mulheres migrantes com as mulheres no Brasil, como no caso acima, mas sim com a população local, o que passa a dar visibilidade aos problemas das mulheres no exterior:

> *"SU: Ela acha que vai ter a amabilidade da vizinha, da sogra e da cunhada que rejeita ela completamente. A vizinha não da "oi". A sogra não quer nem que ela chegue perto. A professora não consegue se comunicar com ela, não fala a língua, não*

> *consegue falar com ela. Ela não consegue nem fazer os deveres com o filho porque ela às vezes não sabe o nome das flores que começam com a letra G porque em português ela sabe de girassol, mas em alemão ela não sabe. Então tudo que ela tem de bagagem ela não consegue utilizar. Isso traz pra ela uma depressão, traz pra ela uma sensação de que ela não vale absolutamente, traz pra ela uma sensação de ser fraca, uma sensação de não ter poder, uma sensação de não ter utilidade pra aquela sociedade. Ao contrário, ela é negada pela sociedade porque ela quando fala ela gesticula, ela fala alto, lá a gente tem que falar baixinho. Pra alugar um apartamento uma vez perguntaram pra mim se eu andava de noite, eu disse: "Não, de noite eu flutuo!". De noite eu não ando, eu flutuo. Cê não pode puxar a descarga de noite porque o vizinho se incomoda. Cê não pode escutar o seu pagode um pouquinho mais alto porque ninguém lá bota o som alto. Cê não pode fazer seu churrasquinho lá fora porque vai incomodar o outro vizinho. Então primeira coisa é isso, é diferença de cultura" (1208-1214).*

Os novos padrões ou códigos de orientação – idioma, expressão corporal, como se vive de forma privada e socialmente – nesta nova sociedade, que são muito diferentes daqueles do Brasil, são os fatos problematizados pela expert. No entanto não se trata somente de aprender esses novos códigos de orientação, mas também o que fazer com os velhos trazidos do Brasil e que estereotipizam as brasileiras:

> *"SU: [...] Outra dificuldade é você achar que vai ter o mesmo tratamento, ou vai ter a mesma disposição de vida, trabalho, condição, que tem um europeu. Não tem. Você tem outro visto, você tem outras condições, você tem suas limitações, você não estudou na mesma escola que ele. Tudo é diferente! Então, é essa frustração de não ter o mesmo status social que eles têm – não é financeiro não! É status social de convivência. Isso ti corrói por dentro, ti derruba. Certo? Então vem a frustração de não pertencer a esse meio – você ainda não faz parte e talvez nunca faça! Fica sempre tentando. [...] [E]ssas que vão pra lá simplesmente pra trabalhar, você por ser brasileira você já não é tratada igual ao se você fosse uma americana. Você é diferente, você pode até ser loira, mas o povo sabendo que você tem o passaporte brasileiro, você é tratada diferente. Eu acho*

> *que essas são as primeiras coisas, o primeiro impacto. [...]"* (1235-1247).

O conflito de classes sociais ganha força aqui, não para problematizar a pobreza, mas a identidade brasileira:

> *"SU: [...] Depois que você vive mais tempo você tem outros impactos que você, chega um momento, em que você acha que você tá sendo aceita e é tudo mentira. Nem é tudo isso. As vezes você trabalha num lugar, onde você trabalha com o tema, mas as discussões... uma vez chegaram pra mim e disseram: "A gente vai fazer uma reunião, mas você não precisa vim!" e eu pedi: "Por que eu não preciso?". "Não porque a gente vai discutir coisas muito profundas". [...] "Nós vamos discutir coisas muito profundas", tipo assim e pra coisa profunda eu não sirvo, entendeu. Só sirvo pra aguentar, pra atender as mulheres, o que é que elas dizem, mas assim, as decisões profundas de discussões política e intelectual... de você ter que fazer uma palestra, você ter que mostrar primeiro a palestra pra elas ver se elas acham que tá suficiente pra representá-las. Isso são coisas que você acredita que pelo menos depois de um tempo e no meio que você trabalha isso já estaria superado. Não está! Não está. Isso é, se a gente que tá se propondo a ter uma vida profissional igualitária e que a gente luta pela igualdade das mulheres no mundo, não conseguir, imagina pra uma mulher que está pelo menos tentando conviver com um marido que é uma relação íntima, que é um, uma relação muito mais social do que a gente, a gente é mais profissional do que social porque a gente tá focada numa coisa. Elas tão focadas na relação, nos filhos, no bem estar, nessa coisa já de mulher, né, que é cuidadora, que é isso, que é aquilo. [...]" (1247-1255).*

Aqui se pode identificar novamente um conflito de classes entre aqueles que pertencem a países desenvolvidos – donos do capital intelectual – e aqueles que pertencem a países menos desenvolvidos – os que vendem a sua mão de obra. O poder econômico define a classe social a qual se pertence. O fato de a identidade brasileira estar vinculada a um contexto nacional que ocupa uma posição econômica inferior a outros países, como os Estados Unidos, classifica os seus nacionais como classe trabalhadora. A expert se vê como alguém pertencente a essa classe trabalhadora que é explorada e excluída do capital intelectual – ela só serve para aguentar e atender as mulheres em situação de conflito –, o que desencadeia um sentimento de dor nela. Essa dor é usada para compreender e sentir o sofrimento das mulheres brasileiras atendidas por ela em processos de exclusão.

Na medida em que esses experts brasileiros que trabalharam em ONGs no exterior retornam para o Brasil eles se defrontam com os problemas oriundos dos emigrantes – principalmente da América Latina – neste país. Na passagem abaixo, a expert faz referência a esse grupo[30]:

> "SA: [...] [E]ntão num quarto como esse aqui, era uma oficina aqui e aqui tinha trabalho escravo nesse escritório. Portanto trancado, tudo fechado, janelas com grades, tudo fechado pra ninguém fugir, ninguém sair. E depois que foi montado o escritório aqui. Aqui era um local de trabalho escravo e se transformou num local de libertação, de ajuda as pessoas né? É, então é, normalmente é assim, é bem fechado, num espaço como esse daqui eles colocam até 12, 15 máquinas aqui dentro. Janela toda fechada pra não sair o ruído pro pessoal não denunciar os barulhos das máquinas, som alto. Pra cobrir o som das máquinas. Pó o dia inteiro no ambiente porque é tudo fechado. Crianças girando ali dentro junto com as máquinas, roupas esparramadas pra todo lado. Eles ali trabalham, ali comem e ali dormem. Espicha um colchonete e dorme ali do lado da máquina. Então, você olha e você diz assim: "Que dignidade tem essa pessoa?". Né? Olha o que ela tem que se submeter pra poder ter um troquinho no final do mês e mais...
> I: E ela nem... ela sabe que tá sendo ...
> SA: Não.
> I: Isso que eu achei mais... no documentário eles mostram que ele, a pessoa, no caso a vítima, ela não se vê numa situação de

---

[30] "I" representa a entrevistadora.

tráfico
SA: Não, porque onde ela saiu, ela não tinha o que comer. Então esse que trouxe essa pessoa ofereceu 150 dólares. São 300 reais por mês. Então só que lá falava-se: "Imagina você vai ganhar 150 dólares". Pra eles lá é bastante dinheiro.
I: Claro, claro. É a mesma coisa o nosso problema com as mulheres né? O que eu percebo assim quando conhecem um homem alemão ou acabam se casando, o homem diz: "Ganho 2 mil euros por mês". E ela converte esse valor em reais...
SA: Claro, acha que é uma soma enorme, só não sabe [...] não sabe os gastos que essa pessoa tem. E não ver que praticamente ele só tem o que comer. É só pra comer.
I: A gente tem muitos casos assim, muita gente, muitas mulheres brasileiras né, pedindo, no caso, que dependem da ajuda do Governo. Que ganham ajuda social né? O Hartz-IV, como a gente chama.
SA: Aham, aham, aham. Então no caso desse pessoal, além de tudo ainda tem a exploração da mão de obra. O pessoal ganha por peça produzida. Então não é que ele tem um salário fixo. Não é que ele tem um salário padrão pra quem é costureiro. Não, ele ganha por peça produzida. Então pra ele conseguir sobrar quatrocentos reais num mês, ele tem que trabalhar das seis da manhã até meia noite, uma da manhã. Porque ele vai trabalhar por peça produzida. Ele tem... o problema da exploração da cadeia da mão de obra na produção têxtil. Né? Porque a grande rede paga pra intermediária, por exemplo, dez reais pra produzir uma peça. A intermediária repassa por dois reais para o dono da oficina. O dono da oficina vai ter que descontar o que? A luz da máquina, ele vai ter que descontar comida, ele vai ter que descontar a água, ele vai ter que descontar o telefone, ele vai ter que descontar a gasolina, o transporte, os impostos. E ele vai acabar pagando quanto para o costureiro que vai costurar essa peça? Então de dez reais ele vai pagar 20 centavos, 25 centavos. Então você imagina a pessoa quantas peças tem que costurar num dia para ganhar 5 reais num dia? 7 reais num dia?
I: Passa praticamente só costurando e dormindo." (577-646).

Os fatos sociais oriundos da imigração para o Brasil expressam a pobreza em forma de miséria, que passa a ser instrumentalizada pelo capital para a exploração de mão de obra barata por parte dos donos dos meios de produção no Brasil – indústria têxtil – que não oferecem condições dignas de trabalho para esses imigrantes. Os fatos sociais dessa imigração passam a concorrer com os fatos sociais oriundos da migração brasileira para o exterior e ganham força na medida em que a expert se sente mais sensibilizada por esse público. Não se trata somente de uma questão de sobrevivência, mas também de uma questão de exploração direta pelo capital que impede que essas pessoas tenham uma vida digna, apesar de elas trabalharem e produzirem muito em benefício daqueles que nada produzem – base que sustenta o conflito de classes. Essa empatia desperta um sentimento de injustiça, que oriunda em indignação, uma forma de dor.

6. CONSIDERAÇÕES FINAIS

A empatia no processo da problematização da migração de mulheres brasileiras desempenha um papel fundamental, na medida em que esse sentimento dá visibilidade aos problemas desse grupo de migrantes e impulsiona sujeitos – os experts de ONGs brasileiras – a intervierem neles. O seu desencadeamento está diretamente relacionado aos "estoques de conhecimento" socializados por esses sujeitos inseridos num determinado contexto nacional – o Brasil – e ao seu impacto pessoal decorrente de suas vivências. A partir do trabalho empírico pode-se ver que o conflito de classes está incorporado no pensamento e na ação dos experts de forma profunda e fundamenta o seu sentimento de empatia na problematização dessa migração. Tendo-se isso em vista, questionam-se os limites do Serviço Social orientado por uma perspectiva marxista na apreensão das transformações da realidade social decorrentes de processos de transnacionalização.

Visto que a empatia nessa problematização é desencadeada a partir da perspectiva do conflito de classes, é decisivo como os experts posicionam essas mulheres migrantes nesse conflito e esse posicionamento, por sua vez, está diretamente relacionado às experiências e vivências desses experts. Experts sem experiência própria em migração comparam a realidade dessas mulheres migrantes com o sofrimento das mulheres do Brasil – a única realidade que eles conhecem – e não destinam mais a essas mulheres empatia em forma de dor, mas sim de euforia, pois o conflito de classes foi superado devido à nova situação econômica dessas mulheres. Sendo assim, essas mulheres não são mais destinatárias de intervenções por parte desses experts.

Na medida em que os experts vão migrando para outros contextos nacionais – como, por exemplo, para países europeus – e interagindo – interpretando, compreendendo e sentindo – nessa nova realidade, eles não veem a superação da miséria das mulheres brasileiras por eles atendidas no exterior como uma transformação social – superação das classes sociais –, mas sim apenas como uma nova roupagem das expressões da velha questão social, oriunda do conflito de classes. As mulheres brasileiras continuam sendo vistas por eles como pertencentes à classe dos oprimidos – vítimas de estereótipos, do desrespeito na (nova) família e da exclusão na participação do capital intelectual – desencadeando o mesmo sentimento de dor oriundo do sofrimento das mulheres que vivem no Brasil, o que leva esses experts a voltarem para o Brasil para fazer trabalho de prevenção em relação aos riscos da migração a potenciais migrantes. Na medida em que esses experts vão se confrontando com os problemas de grupos de migrantes de países de origem mais pobre do que o Brasil, como, por exemplo, a Bolívia, essas migrantes vão perdendo o seu posto de receptoras de empatia para os bolivianos.

O objetivo nesse artigo era apresentar algumas ideias sobre como a empatia de experts de ONGs no Brasil no processo de problematização da migração de mulheres brasileiras é desencadeado e relacionar esse conhecimento ao do Serviço Social brasileiro, tornando-o útil nesse campo de atuação. Tendo em vista que o Serviço Social brasileiro está cada vez mais desafiado a trabalhar com o Serviço Social no exterior, como por exemplo, o da Alemanha, ficam aqui as perguntas: como se desencadeia o sentimento de empatia no Serviço Social na Alemanha no processo de problematização da migração brasileira, um país onde os riscos sociais são cada vez mais des-socializados e individualizados e onde o Serviço Social se orienta muito mais no indivíduo (RAUSCHENBACH, 2012) do que nas classes sociais? Até que ponto essas diferenças podem dificultar um trabalho em conjunto numa perspectiva transnacional e até que ponto a experiência de atores com conhecimento transnacional, como experts de ONGs podem contribuir para isso? As novas pesquisas orientadas numa perspectiva transnacional certamente terão que responder essas perguntas no futuro.

Referências

ACKERS, L. (2005). Promoting Scientific Mobility and Balanced Growth in the European Research Area. Innovation: The European Jounal of Social Science, 301–317.

BENDER, D. et al. Transnationales Wissen: Eine Spurensuche aus Sicht der Sozialen Arbeit. In: BENDER, Désirée / DUSCHA, Annemarie / HUBER, Lena / KLEIN-ZIMMER, Kathrin. (Orgs.). Transnationales Wissen und Soziale Arbeit. Weinheim: Juventa, 2013. p. 7-19.

BISCHOF, D. M. F. Ursachen für die Migration brasilianischer Frauen, ihre Situation in Deutschland und die Angebote der Sozialen Arbeit. Tese de Diplomarbeit. München: Hochschule München, 1999.

BOGNER, A.; LITTIG, B.; MENZ, W. Interviews mit Experten – Eine praxisorientierte Einführung. Wiesbaden: Springer VS, 2014.

BRUM, A. G. As políticas de vinculação do Brasil para os brasileiros e seus descendentes no exterior. In: Revista O Social em Questão, n. 41. Rio de Janeiro: PUC-Rio, 2018. p. 65-85.

BRUNNENGRÄBER, A.; KLEIN, A.; WALK, H. NGOs im Prozess der Globalisierung. Bonn: Bundeszentrale für politische Bildung, 2005.

BRUNNER, F. S. C. Ich bin nicht wie die Anderen Heirats-/EliteimmigrantInnen aus Brasilien in Franken und die Auswirkungen auf die Kindererziehung. Bamberg, 2014. Disponível em: https://opus4.kobv.de/opus4-bamberg/frontdoor/index/index/docId/10728 acesso em 26.05.2015.

BUNDESMINISTERIUM DES INNERN. Allgemeine Verwaltungsvorschrift zum Gesetz über das Ausländerzentralregister und zur Verordnung zur Durchführung des Gesetzes über das Ausländerzentralregister, 2009. Disponível em http://www.verwaltungsvorschriften-im-internet.de/bsvwvbund_26102009_MI6936050300.htm#ivz10 Acesso em 26.06.2015.

DUSCHA, A. Das ist das Leben. Das Leben ist Vernetzung. Eine transnationale Perspektive auf die Unterstützungsprozesse einer brasilianischen Migrantinnenorganisation. In: HERZ, A.; OLIVIER, C. (orgs.) Transmigration und Soziale Arbeit: Theoretische Herausforderungen und Gesellschaftliche Praxis. Baltmannsweiler: Schneider Verlag Hohengehren, 2013a. p. 273-295.

_____, A. Die Konstruktion von Transnationalität im Wissen: Ein zentrales Element in Unterstützungsprozessen einer brasilianischen Migrantinnenorganisation. In: BENDER, D.; DUSCHA, A.; HUBER, L.; KLEIN-ZIMMER, K. (Org.) Transnationales Wissen und Soziale Arbeit. Weinheim: Juventa, 2013b. p. 206-227.

FIRMEZA, G. T. Brasileiros no exterior. Brasília: Fundação Alexandre de Gusmão, 2007.

GLASER, B. G.; STRAUSS, A. Grounded Theory. Strategien qualitativer Forschung. 3. Auf. Bern: Hogrefe, 2010.

HITZLER, R. Wissen und Wesen des Experten: Ein Annäherungsversuch – zur Einleitung. In: HITZLER, R.; HONNER, A.; MAEDER, C. (Org.): Expertenwissen: die institutionalisierte Kompetenz zur Konstruktion von Wirklichkeit. Opladen: Westdt. Verlag, 1994. p. 13-30.

IAMAMOTO, M. V. O Serviço Social na Contemporaneidade: trabalho e formação Profissional. 2. Ed. São Paulo: Cortez, 1999.

_____, M. V. A formação acadêmico-profissional no Serviço Social brasileiro. In: Revista Serviço Social e Sociedade, n. 120. São Paulo: Cortez, 2014. p. 609-639.

JORDAN, B.; VOGEL, D.; ESTRELLA, K. Leben und Arbeiten ohne regulären Aufenthaltsstatus. Brasilianische MigrantInnen in London und Berlin. In: HÄUSSERMANN, H.; OSWALD, I. (orgs.). Zuwanderung und Stadtentwicklung. Leviathan, Sonderheft 17. Wiesbaden: Opladen, 1997. p. 215-231.

JORDAN, B.; VOGEL, D. Which policies influence migration decisions? A comparative analysis of qualitative interviews with undocumented Brazilian immigrants in London and Berlin as a contribution to economic reasoning. Universität Bremen, Zentrum für Sozialpolitik, ZeZ-Arbeispapier Nr. 14/97, 1997. p. 1-23.

KERBER, D. M. Lebenslagen brasilianischer Migrantinnen im transnationalen Kontext. In: BERKENBUSCH, G.; HELMOLT, K. v.; SILVA, V. d. Migration und Mobilität aus der Perspektive von Frauen. Stuttgart: ibidem-Verlag, 2012. p. 111-142.

LIDOLA, M. Als "Brasilianerin" in Berlin: Eine Auseinandersetzung mit symbolischen Verortungen. In: Ebert, Anne/Lidola, Maria/Bahrs, Karoline/Noack, Karoline (Org.): Differenz und Herrschaft in den Amerikas. Repräsentationen des Anderen in Geschichte und Gegenwart. Bielefeld: Transcript Verlag, 2009. p. 145-158.

MARX, K. Contribuição à crítica da economia política. São Paulo: Editora Expressão Popular, 2008.

MEUSER, M.; NAGEL, U. ExpertInneninterviews – vielfach erprobt, wenig gedacht. In: GANZ, D.; KRAIMER, K. (Org.): Qualitativ-empirische Sozialforschung: Konzepte, Methoden, Analysen, 1991. p. 441-471.

MINISTÉRIO DAS RELAÇÕES EXTERIORES (MRE). Brasileiros no mundo - estimativas. Brasília: MRE, 2011. Disponível em: http://www.brasileirosnomundo.itamaraty.gov.br/a-comunidade/estimativas-populacionais-das-comunidades/brasileiros%20no%20mundo%202011%20-%20estimativas%20-%20terceira%20edicao%20-%20v2.pdf Acesso em: 26.06.2015.

MINISTÉRIO DAS RELAÇÕES EXTERIORES (MRE). Tabela de Estimativa Brasileiros no Mundo 2013. Disponível em: http://www.brasileirosnomundo.itamaraty.gov.br/a-comunidade/estimativas-populacionais-das-comunidades/estimativas-populacionais-das-comunidades-brasileiras-no-mundo-2013/Estimativas%20Brasileiros%20no%20Mundo%202013.pdf Acesso em: 26.06.2015.

MINISTÉRIO DAS RELAÇÕES EXTERIORES (MRE). Estimativas populacionais das comunidades, 2018. Disponível em: http://www.brasileirosnomundo.itamaraty.gov.br/a-comunidade/estimativas-populacionais-das-comunidades Acesso em 25.09.2018.

NETTO, J. P. Ditadura e serviço social. Uma análise do serviço social no Brasil pós-64. 4. ed. S. Paulo: Cortez, 2001.

PFADENHAUER, M. Auf gleicher Augenhöhe reden: Das Experteninterview – ein Gespräch zwischen Experte und Quasi-Experte. In: BOGNER, A.; LITTIG, B.; MENZ, W. Das Experteninterview – Theorie, Methode, Anwendung. 2. Ed. Wiesbaden: VS Verlag für Sozialwissenschaften, 2005. p. 113-130.

POFERL, A. Orientierung am Subjekt? Eine konzeptionelle Reflexion zur Theorie und Methodologie reflexiver Modernisierung. In: WEIHRICH, M.; BÖHLE, F. (org.) Handeln unter Unsicherheit. Wiesbaden: VS Verlag für Sozialwissenschaften, 2009. p. 231-263.

_____, A. Die Einzelnen und ihr Eigensinn – Methodologische Implikationen des Individualisierungskonzepts. In: BERGER, P.; HITZLER, R. (Orgs.): Individualisierungen – Ein Vierteljahrhundert „jenseits von Stand und Klassen"? Wiesbaden: VS Verlag für Sozialwissenschaften, 2010.p. 291-309.

_____, A. Kosmopolitische Empathie: Subjektivität und die fluiden Grenzen der Sozialwelt. In: POFERL, A.; SCHRÖER, N. (Orgs.): Wer oder was handelt? Zum Subjektverständnis der Hermeneutischen Wissenssoziologie. Wiesbaden: Springer VS, 2014. p. 175-197.

_____, A. Die Kosmopolitisierung von Sozialität und Subjektivität. Zur Wahrnehmung globaler Probleme im Rahmen einer Kultur der Menschenrechte. In: BÖHLE, F.; SCHNEIDER, W. (Orgs.): Handeln und Subjekt in der Reflexiven Moderne. Weilerswist: Velbrück, 2016. p. 188-213.

PRESTRELLO, C.; DIAS, S. Sexo Turismo – O que a gente não faz para realizar um sonho. Olinda: Coletivo Mulher Vida, 1996.

_____, C. Turismo Sexual, Tráfico, Imigração: O que nós temos a ver com isso? Recife: Coletivo Mulher Vida,(2003

PRIES, L. Die Transnationalisierung der sozialen Welt. Sozialräume jenseits von Nationalgesellschaften. Frankfurt am Main: Suhrkamp, 2008.

RAUSCHENBACH, T. Inszenierte Solidarität: Soziale Arbeit in der Risikogesellschaft. In: BECK, U.; BECK-GERNSHEIM, E. Riskante Freiheiten. Frankfurt am Main: Suhrkamp Verlag, 2012. p. 89-111.

SCHETSCHE, M. Wissenssoziologie sozialer Probleme - Grundlegung einer relativistischen Problemtheorie. Wiesbaden: Westdeutscher Verlag GmbH, 2000.

_____, M. Empirische Analyse sozialer Probleme, Das Wissenssoziologische Programm. Wiesbaden: VS Verlag für Sozialwissenschaften, 2008.

SCHRÖDER, C.; HOMFELDT, H. G. Transnationales Wissen in NGOs. In: BENDER, D.; DUSCHA, A.; HUBER, L.; KLEIN-ZIMMER, K. (Orgs.): Transnationales Wissen und Soziale Arbeit. Weinheim: Juventa, 2013. p. 228-249.

STATISTISCHES BUNDESAMT. Bevölkerung und Erwerbstätigkeit – Einbürgerungen 2010. Wiesbaden, 2011. Disponível em: https://www.destatis.de/DE/Publikationen/Thematisch/Bevoelkerung/ MigrationIntegration/Einbuergerungen2010210107004.pdf?__blob=pu blicationFile Acesso em 31.08.2017

STATISTISCHES BUNDESAMT. Bevölkerung und Erwerbstätigkeit – Einbürgerungen 2013. Wiesbaden, 2014. Disponível em: https://www.destatis.de/DE/Publikationen/Thematisch/Bevoelkerung/ MigrationIntegration/Einbuergerungen2010210137004.pdf?__blob=pu blicationFile Acesso em: 31.08.2017.

STATISTISCHES BUNDESAMT. Bevölkerung und Erwerbstätigkeit - Ausländische Bevölkerung. Ergebnisse des Ausländerzentralregisters 2014. Wiesbaden, 2015.

STELZIG-WILLUTZKI. Soziale Beziehungen im Migrationsverlauf: Brasilianische Frauen in DE. Wiesbaden: Springer VS Verlag für Sozialwissenschaten, 2012.

STRAUSS, A.; CORBIN, J. Grounded Theory. Grundlagen qualitativer Sozialforschung. Weinheim: Psychologie Verlags Union, 1996.

VOGEL, D. Soziale Sicherung und illegaler Aufenthalt. Eine explorative Studie am Beispiel brasilianischer Zuwanderer in Berlin. Universität Bremen, Zentrum für Sozialpolitik, ZeS-Arbeitspapier Nr. 13, 1996. p. 1-18.

CAPÍTULO 7

"Gingando entre Mundos":
O processo de negociação cultural da capoeiragem entre Alemanha e Brasil[31]

Fabio Araújo Fernandes,
Núcleo de Antropologia do Contemporâneo,
Universidade Federal de Santa Catarina, Brasil

1. INTRODUÇÃO

Era um dos eventos de capoeira que fizeram parte da minha pesquisa de campo para doutoramento em Antropologia Social na Alemanha. Eu estava para iniciar um jogo com um aluno experiente durante a roda de encerramento do segundo dia de cursos e workshops, quando o mestre que estava tocando berimbau Gunga[32], e por isso era quem comandava a roda, cantou uma

---

[31] Este artigo é uma revisão baseada no artigo "Ele Ginga que nem Brasileiro!": transnacionalização cultural e a negociação de espaços de subjetividade na Alemanha publicado pela revista Ambivalências (UFS). v. 5, n. 9, 2017.
[32] Instrumento de percussão simbólico dentro da capoeira. Consiste em um arco feito com um arame grosso e uma madeira roliça com uma cabaça redonda em uma extremidade. O

música dizendo: "Cuidado com o alemão, que o alemão é danado!". Era uma mensagem cantada para mim, para que eu tomasse cuidado com a astúcia de meu parceiro de jogo. Em uma conversa informal, após as atividades do dia, o mesmo demonstrou um certo desânimo com o fato de ser chamado de 'alemão'. Ele me confessou: "parece que eu nunca serei reconhecido como um capoeirista em si. Um dia destes um mestre me disse que eu estava muito bom para um alemão".

No decorrer de minha pesquisa de campo, o tal lugar de "alemão", que surgia de maneira veemente naquele dia, acabou se tornando uma constatação bastante recorrente. Com a chegada do outono/inverno, eram nítidas as mudanças comportamentais que iam ocorrendo com o frio e a falta de luz natural. As pessoas ficam deveras mais pessimistas do que o normal – uma forte característica perfeccionista facilmente perceptível na Alemanha – introspectivas e consideravelmente mais mal humoradas. O descontentamento em ser rotulado como um capoeirista alemão veio, no escuro do outono, iluminar um importante ponto a ser analisado em minha pesquisa de campo.

De que se trata este estereótipo do "alemão"? Qual ou quais o(s) seu(s) significado(s)? Em meio a uma roda de capoeira em terras germânicas, estava sendo apresentado para mim um tipo de construção de alteridade contundentemente baseado na nacionalidade. Um sentimento de pertença na qual eu – um

---

Berimbau Gunga é o de cabaça maior e som grave. Na capoeira, normalmente quem o toca assume a administração do jogo, além de determinar com seu som mais grave o ritmo e o estilo do jogo a ser jogado.

desconhecido que acabara de chegar na Alemanha – , por ser brasileiro, pude dispor de uma preferência e aconselhamento por parte do mestre. Em contraposição, pudemos perceber na fala do meu companheiro de jogo, um desconforto pela identidade a ele inferida. Situação esta que se complicaria aos que almejam, como no caso do meu parceiro de jogo, serem legitimados como professores de capoeira. Como ser um professor ou mestre "alemão"? Há um lugar possível de destaque para não brasileiros? Como estes e outros lugares de subjetivação foram ganhando forma na Alemanha?

Com o objetivo de dar subsídios para responder às perguntas acima, o artigo pretende fazer uma breve revisão histórica da construção destes lugares de objetivação/subjetivação, proporcionados pelo deslocamento da prática da capoeira para a Alemanha e alguns de seus possíveis reflexos no Brasil. Desta maneira, este artigo descreve três períodos distintos da capoeiragem33 na Alemanha: (1) a ida de alguns capoeiristas através de grupos parafolclóricos em espetáculos sobre cultura brasileira entre as décadas de 40 e 80; (2) um aumento significativo das migrações de capoeiristas do Brasil para Europa e o acirramento das disputas internas entre os mestres e grupos de capoeira na década de 90; e (3) o amadurecimento de uma posição

---

[33] Com o propósito de fugirmos do significado essencializado que o termo "capoeira" acabou obtendo em grande parte das produções acadêmicas, utilizaremos do termo "capoeiragem". É necessário que se esclareça que este não é um termo novo no universo da capoeira, sendo bastante utilizado para significar uma forma mais antiga do jogo, sem normas explícitas e praticada nas ruas, largos e praças. A proposta adotada pretende fazer um resgate deste termo, retirando as premissas de algo representativo do passado e dando-lhe ares mais contemporâneos. Portanto, a "capoeiragem" trata-se de um termo mais representativo para a proposta defendida, por trazer em seu significado uma ideia de ação, subversão e fluidez contemplando, assim, os aspectos relacionais, híbridos e liminares do fenômeno observado.

mais transnacional da capoeiragem, estabelecendo redes ou circuitos de relacionamentos menos hierarquizado já no século XXI. Essas fases são ilustradas com testemunhos de três mestres brasileiros e dois capoeiristas não-brasileiros – todos praticantes de capoeira na Alemanha. Na seção 3, defendo que a transnacionalização e a lógica de circuitos sejam os conceitos mais adequados para explicar os fenômenos observados neste estudo. Por fim, na seção 4, utilizando-me das experiências de vida apresentadas, concluo que a ancestralidade na capoeira se encontra em seu modus operandi, que em um momento estabelece e em outro subverte fronteiras culturais, entrelaçando símbolos e códigos, criando assim hibridações de suas próprias dicotomias.

2. CAPOEIRAGEM NA ALEMANHA - TRÊS PERÍODOS DISTINTOS

2.1. Entrecruzando Diásporas – fluxos migratórios brasileiros dos anos 40 aos anos 80

Com a crise dos países vencidos na I Guerra Mundial e com o subsequente advento da II Guerra Mundial, grandes fluxos migratórios se estabeleceram na Europa em direção às promissoras possibilidades das nações tidas na época como em desenvolvimento. No caso do Brasil, a imagem mundialmente positiva instaurada desde o Estado Novo do início do século XX e a necessidade de mão de obra adaptada ao processo de industrialização fez deste um grande receptor de fluxos migratórios Europeus (ASSIS; SASAKI, 2001).

Provavelmente entre os anos 1940 e 1950, o jornalista e escritor Miecio Askanasy aportou no Rio de Janeiro, seguindo uma tendência de migrações de alemães para o Brasil iniciada desde o século XIX (ASSIS; SAZAKI, 2001). Lá eles se envolvem diretamente com o meio artístico e intelectual local, descobrindo talentos, pesquisando e, por fim, agenciando um show com bailarinos, músicos e cantores que visavam o mercado europeu. O espetáculo era composto na sua maioria de artistas negros e as cenas eram referentes a ritmos afro-brasileiros, tendo o samba como linha central. Estabeleciam-se, portanto, no final da primeira metade do século XX, um entrecruzamento das diásporas africana e germânica, dando vazão a novas composições e deslocamentos.

O primeiro espetáculo brasileiro empresariado por Miecio a se estabelecer na Europa foi o de nome "Brasiliana", no ano de 1951. Posteriormente - pelos anos de 1973 - foi a vez do "Brasil Tropical" transpor o Atlântico e iniciar uma turnê tendo as apresentações de capoeira como um dos diferenciais. De acordo com as informações de Assis e Sasaki (2001), durante a década de 1970, a situação brasileira ainda era a de país "receptor de migrações", sendo o caso dos espetáculos mencionados algo pontual que não aguçava o interesse acadêmico sobre o assunto. Mesmo assim, um elo importante se formava conectando diferentes temporalidades e espacialidades as quais trouxeram a capoeiragem para novos rumos. A experiência pessoal do empresário alemão no Rio de Janeiro e Salvador promove um canal de comunicação bastante peculiar entre o momento de disseminação de manifestações folclóricas entendidas como tradicionais afro-brasileiras para Europa.

Durante a década de 1960, o movimento negro de independência e valorização cultural das nações africanas ganhava força nos Estados Unidos. De acordo com Albuquerque e Fraga Filho (2006) era um momento de efervescência política que reivindicava igualdade de direitos civis entre negros e brancos, repercutindo fortemente em movimentos de valorização e reconhecimento da cultura negra daquele país. O movimento Black Power, a Soul Music e o Funk, entre outros, conquistavam o seu espaço na sociedade estadunidense, transformando-se logo em um produto cultural de grande potencial internacional.

É dado o pontapé inicial para todo um movimento de conscientização de uma conexão transcontinental constituída pela diáspora africana desde o processo colonizador. Vem à tona uma comunidade imaginada negra que articula manifestações culturais como o movimento rastafári jamaicano assim como os movimentos nacionalistas de libertação em todo o continente africano e o movimento negro estadunidense. Uma nova onda de cultura negra se espalha navegando pelos mares do Atlântico Negro e conectando atitudes, ritmos, corpos e estilos em uma mimese black power. Como disse um mestre que chegou em Berlim, na década de 1980. Naquela época, não se fazia muita distinção: "Era tudo Negro!".

A onda black aporta no Brasil em 1970 através do repatriamento de alguns artistas exilados pelo regime militar. Eles vinham quase sempre dos Estados Unidos, trazendo as "boas novas" do primeiro mundo. Com efeito, o movimento Black Power aporta no país com ares modernizantes, influenciando toda uma geração. "Falar como fala um Black Brother, andar como anda um Black Brother" - trecho da música "Qual é?!" do artista Marcelo D2. era a palavra de ordem que abriam novas portas aos herdeiros da diáspora africana no Brasil. Criava-se na cidade do Rio de Janeiro os circuitos Black que se apropriavam da forma de se vestir e de falar, dos penteados, do gingado Soul e do gosto musical que deram a estes sujeitos um capital cultural que os conectavam a um processo global. Mestre Martinho Fiuza e Mestre Paulo Siqueira, um dos primeiros capoeiristas a se estabelecerem na Alemanha, mostraram não ter sentido muitos problemas de adaptação. O movimento Black que se alastrava "por aqui" era o mesmo que gerava um grande interesse entre os europeus e integravam todos os negros "por lá".

Utilizando da grande visibilidade da cultura black na Europa, muitos capoeiristas artistas começaram suas investidas pelas principais metrópoles do "primeiro mundo". Eram palestras, apresentações e workshops sobre a cultura negra brasileira que encontravam um mercado interessado em consumir estes produtos bastante massificados por entre os veículos de comunicação como TV, rádios e jornais. De acordo com Nestor Capoeira (1995) em 1979 existiam ao todo dez capoeiristas ensinando e fazendo shows de ritmos brasileiros e capoeira por toda Europa. Eram herdeiros dos grupos de espetáculos já mencionados que rodaram todo o velho continente disseminando esta arte luta. Formava-se naquele tempo uma rede de solidariedade entre os capoeiristas que iam se encontrando através dos espetáculos e shows brasileiros, conhecendo-se e trocando experiências. Mestre Paulo Siqueira e Mestre Martinho Fiuza se conheceram através destes circuitos artísticos, criando posteriormente um circuito de eventos e workshops específicos de capoeira.

Ainda conforme Nestor Capoeira (1995), durante as décadas de 1970 e 1980, a principal renda destes capoeiristas vinham dos shows e apresentações de capoeira, mais do que as aulas de capoeira em si. Uma lógica que se faz presente até os dias atuais através dos circuitos de eventos e workshops iniciado naqueles tempos. Era um primeiro período da capoeiragem na Alemanha onde ela assumia um papel importante de representante da cultura brasileira. Neste momento, podemos dizer que uma construção de alteridade radical se instaura, marcando a capoeiragem como um espetáculo e corporificando os seus praticantes como artistas. Uma alteridade exotizada, porém sem conflitos maiores entre, de um lado, o negro brasileiro espetáculo e, do outro, o branco alemão espectador. Eram subjetividades até então postas em dimensões diferentes umas das outras. Uma relação à distância interpelados por um ambiente delimitado entre artista e plateia.

2.2. Capoeira "for Export" — a capoeiragem como um campo de disputas nos anos 90

O histórico posto que o Brasil detinha de "país receptor" dos fluxos migratórios internacionais até 1980 se viu abalado pelas frequentes notícias de deportação que os brasileiros estavam sofrendo nos países "desenvolvidos". Era um sinal de que o Brasil tinha começado um processo de emigração. Toda a década de 1980, culminando no início da década de 1990, apontava para um grande fluxo de emigração de brasileiros rumo ao "primeiro mundo". De acordo com Assis e Susuki (2001 apud SALES, 1994), entre 1985 até 1987, cerca de 1,25 milhões de brasileiros deixaram o país.

Como fruto do grande fluxo migratório ocorrido na década de 1980 chamado por Sales (1994) de "a década perdida", as políticas de controle pela Europa foram se intensificando. Leis que limitavam e dificultavam os vistos de permanência e até de entrada de brasileiros trouxeram um ambiente negativo de clandestinidade, criminalidade e marginalidade para os brasileiros no estrangeiro. Mestra Maria do Pandeiro sentiu na pele este processo de fechamento das fronteiras europeias para com os brasileiros na década de 1980. Ela saiu do Brasil em 1987, viajando de mochila nas costas pela Europa e terminando por se estabelecer em Bremen, cidade portuária ao norte da Alemanha. Sua experiência de migração nos traz um outro modelo de negociação cultural, pois ela conseguiu sua permanência depois de quase ser deportada, através de um grupo feminista que reivindicou o seu visto de permanência nesta cidade. A alegação do grupo era de que queriam ter aulas de capoeira, mas somente se fosse com uma professora mulher, acionando de tal sorte dispositivos historicamente caros à imagem da cidade. A cidade de Bremen é a segunda mais antiga cidade-estado do mundo, onde se desenvolveu um espírito de liberdade cultural e autonomia aduaneira iniciado por sua participação na liga Hanseática. Estas e outras características socioculturais e históricas contribuíram para que a mestra criasse vínculos com o lugar onde fundara durante a década de 1990 o Grupo Dandara de Bremen. Quando estive em um de seus eventos, após a cerimônia de troca de graduação ocorreu uma apresentação cultural dos alunos do grupo. A apresentação tinha como tema as aventuras dos Músicos de Bremen (história infantil criada pelos irmãos Grimm) no sertão do nordeste brasileiro. De acordo com a mestra:

> não é a primeira vez que usamos a ideia dos Músicos de Bremen como tema, mas dessa vez pensamos em mandá-los (Os músicos de Bremen) para o Brasil em vez de ficar em Bremen. Lá conheceram um coronel que capturou o burrinho e o fez trabalhar colocando nele uma cangalha. Os outros pediram socorro ao bando de lampião, que o libertaram do coronel. O burro agradecido resolveu ficar por lá mesmo com os cangaceiros e os outros animais o esperam até hoje em Bremen (Entrevista dada através do Facebook, 2013).

A fábula *Músicos de Bremen* fala sobre um burro, um cachorro, um gato e um galo que, sofrendo os maus tratos e exploração do campo, resolvem migrar para a cidade-estado de Bremen. Uma cidade independente, basicamente protestante, onde o comércio é desenvolvido através de seu porto, o segundo maior da Alemanha, oferecia um território de liberdade das "amarras feudais" da época. A fábula revela a imagem desenvolvida de defesa às diferenças e um lugar de liberdade e autonomia.

Por um outro lado, a década de 1990 significou um momento particular de mudanças na capoeiragem pela Europa. O aumento significativo de capoeiristas que chegaram por essa década trouxe também um acirramento das disputas internas por legitimação. Estilos, grupos, linhagens, entre outros elementos foram ganhando maior importância, trazendo um ambiente de rivalidade e de tensionamento de todo tipo de diferenças. De acordo com Mestre Paulo Siqueira, eram em sua maioria pessoas que vinham motivadas pelo aparente sucesso que alguns capoeiristas estavam tendo, mas que não tinham a mínima ideia do que iriam enfrentar:

> *O pessoal que trabalha com arte está mil anos na frente. Pessoal de cabeça aberta. Não são conservadores. É o meio artístico [...] No começo (década de 1970), eram pessoas que frequentavam o meio da artes que vinham pra cá. [...] Eu com 16 anos já fazia fotografia, já fazia concertos. Era o Movimento Black Rio. A galera se vestia como Black. [...] Não eram pessoas que não tinham acesso à cultura. Eram pessoas esclarecidas. Agora é diferente. Conheço muitos que vem e tem dificuldade de se adaptar. (Transcrição de conversas por telefone, dezembro 2013)*

Para Paulo Siqueira, a maioria dos capoeiristas que chegavam a partir de 1990 tinha ou tem pouca relação com o meio artístico. Foram formados em um momento de efervescência da prática da capoeira com viés mais desportivo e marcial em todo Brasil. A capoeiragem tinha se transformado em um ambiente cada vez mais polarizado, dividido entre vertentes, linhagens e estilos. Sem o mesmo jogo de cintura e adaptabilidade, vinham obstinados a replicar ipsis literis o que vinha acontecendo no Brasil.

Com o aumento substancial de praticantes e o acirramento das diferenças, foi-se criando redes isoladas de eventos, mas que seguiam o mesmo modelo das turnês instauradas pelos espetáculos de dança na Europa. Uma importante característica que é adicionada aos circuitos é que estes assimilaram, em maior ou menor grau, as disputas e segregações instituídas no Brasil. As relações com alguns mestres e seus grupos de capoeira brasileiros, que nas décadas de 1970 e 1980 eram pontuais, transformaram-se em conexões frequentes e até essenciais dentro destes circuitos.

O poderoso discurso da ancestralidade instaurou um momento de "resgate às origens", valorizando mestres reconhecidos por representar e defender as raízes de cada segmento da capoeira. Através deste modelo, suas presenças se tornaram quase uma obrigatoriedade nos eventos, por serem aceitos como representantes legítimos de sua linhagem ou estilo. O que antes se apresentava como um "convidado de honra" aleatório de renome da capoeira, transformou-se em obrigatoriedade, criando elos mais estáveis dos circuitos com o Brasil.

Uma lógica de grupo se estende do Brasil e invade os circuitos de capoeira na Europa, criando redes que estreitavam laços e facilitando as migrações dos capoeiristas brasileiros para a Europa. São redes de reciprocidade e ajuda mútua que competem entre si, construindo na maioria das vezes discursos, códigos e significados diferenciadores e excludentes um dos outros. A intensificação da construção de particularidades vão construindo barreiras simbólicas com o intuito de dificultar a convivência e circulação dos sujeitos capoeiras por entre circuitos diferentes, já que, de acordo com a minha experiência em campo, a diferenciação de códigos e regras acabaram por criar rituais que servem como barreiras simbólicas entre os circuitos.

Um outro evento de capoeira ao sudoeste da Alemanha em que estive presente servirá como exemplo deste modelo ao qual me refiro acima. Eu tinha feito alguns contatos com o mestre organizador do evento que, mesmo tendo chegado após o ano de 2000, é reconhecido por algumas pessoas ligadas ao segmento artístico e musical da cidade como uma referência sobre capoeira. O local de treino era uma academia de artes marciais, tendo como piso um tatame para judô. No entanto, o local do evento anual (Batizado, workshops e troca de cordas) era um ginásio de esportes.

Logo na entrada do ginásio, havia um rapaz que fazia o controle de alunos e professores. Nós nos cumprimentamos e ele gentilmente perguntou meu nome para fazer a conferência na lista dos participantes. Feita a apresentação, o brasileiro, que mora há algum tempo na casa do mestre, notou que meu nome não estava na lista. Percebi que esta seria uma ótima oportunidade de ser um desconhecido e experimentar um lugar de aluno durante o evento. Conversei com o rapaz da entrada e paguei a taxa para participar do evento. Participei em alguns momentos da aula de iniciante e tentei ao máximo estar nos espaços de alunos. Os movimentos que o mestre passava durante o treino em si não eram de todo novidade para mim, mas sim os detalhes das posições que braços e pernas teriam que estar. A mesma metodologia que tive em minha formação de capoeira só que com outras regras. Por exemplo, o alinhamento das pernas para a execução de um chute giratório não se fazia de maneira vertical em direção ao oponente, como eu havia aprendido, e sim de maneira perpendicular. Tentei levar a situação com naturalidade e me esforcei para fazer os movimentos passados pelo mestre da melhor forma possível.

A experiência descrita acima nos trazem alguns fatores políticos e subjetivos que atravessam a capoeiragem e que fazem dela algo múltiplo e, por vezes, antagônico. Naquele momento, os meus 15 anos de praticante de capoeira não estavam sendo validados, pois os movimentos eram executados de maneira diferente dos que eu havia aprendido. O que fez de mim naquele momento um iniciante, ou seja, podemos vislumbrar nesta passagem como se institui um sistema de legitimação de experiências e saberes bastante comum na década de 1990. Uma lógica que se afirma pela desvalorização de um conhecimento do "outro".

O acirramento das disputas internas na capoeiragem, naquela época, produziram uma necessidade de marcar de maneira mais veemente as diferenças. No caso descrito, há uma necessidade em desenvolver metodologias de ensino com maior controle na performance e do processo de construção de subjetividades. É legitimado, portanto, um controle rígido sobre o corpo na capoeiragem. Uma espécie de apagamento das individualidades em prol do fortalecimento do grupo, no qual cada segmento desenvolvia um processo de subjetivação particular baseados em diferentes formas de controle e disciplina.

Um segundo aspecto a ser resgatado deste momento da capoeiragem seria a sua defesa tanto em termos nacionalistas quanto tradicionalistas. O fato de ser defendida enquanto patrimônio cultural brasileiro, assim como a implementação de estruturas bastante hierarquizadas, colocavam cada vez mais os não brasileiros em um lugar desprovido de privilégios. Os antes "espectadores" e "parceiros" da década de 1970 agora são deliberadamente acomodados em lugares de consumidores de um produto cultural made in Brazl e by Brazilians. O estereótipo, tanto nacionalista quanto tradicionalista, assumem um status de hegemonia. Independentemente de estilo ou linhagem, o modelo acima descrito foi posto como regra geral, gerando um descontentamento e desolação por parte principalmente dos não brasileiros que almejavam galgar posições de prestígio.

A contradição percebida por Assunção (2008) de a capoeira conter um discurso contemporâneo de símbolo nacional brasileiro, ao mesmo tempo em que um produto cultural for export cada vez mais se acentua, o que apresenta, assim, os seus limites conceituais. Visando problematizar um pouco mais o esgotamento da ideia de "identidade nacional", podemos exercitar algumas breves articulações do que vem sendo acompanhado a fim de apontar alguns caminhos possíveis. Para dar conta de desatar o nó paradoxal, manteremos o foco no processo de negociação e legitimação dos espaços de subjetivação destes praticantes para perceber como ela vai sendo conduzida pelos sujeitos.

2.3. "Ligando Mundos": transnacionalidade, hibridação e os novos espaços de subjetivação no século XXI

Como visto, nas décadas de 70 até 90 a situação era bastante recortada por uma alteridade de termos nacionais, ou seja, brasileiros e não brasileiros praticantes. Até a década de 90, mesmo com alterações no que se refere ao modo que se estabeleciam tais relações, houve uma hegemonia em que, de um lado, ficavam os alunos não brasileiros, e do outro, os professores e mestres brasileiros. Atualmente, cada vez mais estão os praticantes de capoeira não brasileiros a dar aulas, dominando de maneira fluente a linguagem corporal, comportamental e linguística da capoeiragem, como também administrando grupos e associações de capoeira.

Com efeito, o que vem acontecendo, principalmente após a virada do século XXI, é uma ruptura entre cultura nacional, no caso da capoeira, e nacionalidade. Os praticantes de capoeira na Alemanha deixaram de ocupar majoritariamente o lugar de consumidores de uma "cultura brasileira" e passaram a vislumbrar cada vez mais posições de agentes tradutores e produtores desta prática. Isso não significa que antes disso não houvesssem agências por parte dos não brasileiros, mas que, ao meu ver, estas agências ou modos de subjetivação não eram reconhecidas ou seus resultados apropriados pelo lado brasileiro da questão.

Traremos agora os exemplos de Momitto e de Vaqueiro, para problematizar as maneiras com que as características nacionais são transpostas, provocando uma mistura de elementos por vezes tidos como distintos. Uma análise de suas experiências podem fornecer indícios importantes dos aspectos que surgem como novos elementos de diferenciação. Aspectos que apontam para as novas estratégias utilizadas na construção de alteridades em um contexto de maior transnacionalidade.

No ano de 2006, Mohamed Alvez, conhecido como Momitto - uma "latinização" da abreviação "Momo" utilizada na Tunísia para o nome Mohamed - veio da Tunísia para estudar Tecnologia da

Informação (T.I). Em Freiburg, ele teve seus primeiros contatos com a cultura "latina" através do ritmo da salsa, começando a ter aulas com o professor Bráulio Rosero, conhecido como Lio, provindo do Equador. Após algum tempo, ele aprendeu espanhol através das músicas "latinas" e começou a dar aula de Salsa para pagar seus estudos. Segundo ele: "As aulas de salsa eram boas, porque eu não precisava mais trabalhar em tempo integral e assim tinha mais tempo para os estudos" (Momitto, comunicação oral, 2013). Depois disso é que veio a conhecer a capoeira, que para ele foi um "movimento natural". Momitto é um dos alunos mais graduados e participativos do Contramestre Arrupiado, Ivam da Silva, pertencente ao grupo Terreiro de Capoeira34. Agora ele diz não se identificar mais como um tunisiano. Ele se autodenomina latino-americano, legitimado por transitar entre espaços voltados à música latina em Freiburg, assim como pela prática da capoeira que definem e estabelecem as suas redes de contato. O tunisiano "latino-americano" residente na Alemanha foi umas das peças-chave na minha pesquisa pela facilidade e a destreza com que manipula elementos culturais dos mais diversos. Momitto tem a latinidade enquanto algo que Ella Shohat (1992) definiu como "identidade hifenizada". A inserção da capoeiragem neste lugar de legitimidade "latino-americano" construído em Freiburg, serviu para mim como um elo entre o prático e o teórico bastante fecundo. Fiz um cruzamento das experiências da capoeiragem em Freiburg com as pesquisas de Garcia (2012) sobre migração e identidade nesta cidade. Método que acredito oportunizar maior visibilidade

---

[34] Grupo fundado em 1979 por Mestre Squisito em Brasília-DF. Este grupo possui atualmente vários mestres, contramestres e professores espalhados pelo mundo.

às condições de possibilidade disponíveis em cada contexto onde a capoeiragem se insere, situando estas experiências no tempo e no espaço.

Freiburg é conhecida por ser quase uma cidade universitária e a mais quente e ensolarada da Alemanha, dando à ela características climáticas mais tropicais. Aliado a isso, e por consequência da diversidade cultural universitária, os latinos são historicamente bastante representativos na cidade, não só em quantidade, mas como em organização e ativismo político-cultural (GARCIA, 2012). O autor fala de um grande boom que a cultura latino-americana obteve em Freiburg desde a virada do século XXI, tendo como base a língua espanhola e ritmos como Salsa, Merengue e mais recentemente a Bachata. Estes seriam alguns aspectos que acredito interferir de maneira mais substancial na prática da capoeira nesta cidade. Vimos através de Momitto como a capoeiragem é inserida no cenário cultural de Freiburg por este viés "latino-americano", fornecendo elementos para a construção de novas subjetividades.

Por fim, Christoph Johann Maier - conhecido por Vaqueiro - teve seu primeiro contato com a capoeira aos doze anos através do filme Hollywoodiano Only the Strong de 1992. Interessado pelo que tinha visto no filme e com a ajuda dos pais, foi à procura de um local de treino de capoeira, encontrando assim o estúdio de dança Tanz Studio e o Grupo Contemporana de Martinho Fiuza. A partir daí, capoeira teve influência direta na sua escolha acadêmica e em sua vida particular. Ele se graduou em Letras com especialização em língua portuguesa e agora dá aulas de alemão e português, assim como aula de capoeira. Em 2012, ele fundou o grupo denominado "Ligando Mundos". A logomarca do grupo "Ligando Mundos" (Imagem 1) é a bandeira da Bavária e um berimbau que faz referência à bandeira do Brasil, juntos com uma pomba a voar no canto esquerdo. Algo de uma carga simbólica significativa do esforço em articular diferentes signos e símbolos. A proposta de ser uma instituição a ligar diferentes mundos promove uma composição híbrida de elementos que a priori não pertenceriam à mesma ordem relacional.

Imagem 1 - Logomarca do grupo Ligando Mundos,
Fonte: Pesquisa de campo (Fernandes, 2012)

O primeiro contato com Vaqueiro se deu em um final de semana de agosto de 2012, no evento de verão do Grupo Ligando Mundos em Starnberg. Surpreendeu-me o seu português brasileiro fluente em nosso primeiro bate papo até o ginásio onde se daria uma parte do evento. Posteriormente, mais surpresas viriam com a boa desenvoltura tanto quando tocava berimbau quanto quando jogava na roda de abertura do evento. Vaqueiro nos traz uma outra composição tanto simbólica quanto corporal e subjetiva. Simbólica por, entre outras coisas, articular na logomarca de seu grupo símbolos da Bavária – região onde nasceu e vive – com símbolos da capoeira e do Brasil. Corporal e subjetiva por dominar com certa naturalidade a língua e o gingado significativos de brasilidade na capoeira. O filho de pescadores produz combinações conectando aspectos locais com a capoeiragem bastante particulares, mas que não estão fixas. Percebi que, em cada evento dele, novidades se faziam presentes. Novos mestres eram convidados, movimentos e gingados diferentes eram usados, até na estrutura da programação dos eventos havia sempre algo alterado.

3. CAPOEIRAGEM E A CONSTRUÇÃO DE ALTERIDADES CONTEMPORÂNEAS

Na virada do século XXI, novos desafios são lançados às pesquisas sobre identidade, subjetividade e produção de alteridades. As migrações e os fluxos simbólicos produtores de circuitos identitários contemporâneos se apresentam fundamentais para dar conta da produção complexa de diferenças e alteridades. Os novos migrantes, no nosso caso só capoeiristas, utilizam-se de múltiplas relações sociais transpondo fronteiras geográficas, culturais e políticas. De acordo com Sasaki e Assis (2001), os pesquisadores Glick-Schiller, Basch e Blanc-Szanton foram os primeiros a sugerir o conceito de transnacionalização como mais adequado a esse novo momento dos fluxos migratórios internacionais. Tomando por base a experiência etnográfica por mim apresentada, se faz necessário perceber o fenômeno da migração de uma maneira holística e relacional, na qual várias subjetividades locais se relacionam de maneira mais orgânica e imbricada. A natureza e a intensidade das mudanças, tanto na sociedade de origem quanto na de destino, ficam cada vez mais aceleradas, estreitando os elos entre elas e outras localidades a elas conectadas. A prática da capoeira na Alemanha nos apresentou de maneira emblemática a complexidade da produção de identidades e subjetividades no contemporâneo.

Em se tratando de construções de alteridade com o foco nas relações, vimos como vem se estabelecendo de maneira hegemônica uma "lógica de circuito" no universo da capoeira como um todo. O modelo de um circuito de eventos criado na década de 1970 que conectavam os poucos mestres de capoeira e seus alunos que se replica de maneira substancial durante a década de 1990, alcançando uma escala transnacional. Formam-se então vários circuitos de festivais e eventos que estipulam diferenciações e coalizões entre os professores, mestres e alunos. Estes criam suas redes de contato, afinidade e reciprocidade com outros professores e mestres, organizando circuitos de eventos que cada vez mais tendem a competir entre si. Todas as experiências de vida delineadas neste artigos apontam para a importância dos circuitos e seus sistemas simbólicos, criando um sentimento de pertença e camaradagem entre os seus participantes.

Além disso, os testemunhos dos mestres brasileiros e dos capoeiristas não brasileiros apresentados neste capítulo apontam a uma exaustão do conceito de nação para definir identidades e culturas. A expansão do universo da capoeira do Brasil para outros países, como a Alemanha, criou condições transnacionais para novas formas de subjetividades. Sendo assim, é necessário que se faça um questionamento com todo este cenário de fluidos e mudança sobre a possibilidade de ainda podermos falar em tradição, ancestralidade ou origem no universo da capoeira. Na verdade, argumento que os alicerces da capoeira estão em sua liminaridade de sua característica híbrida fundante como uma prática de negociação cultural, a qual é estabelecida e legitimada como um espaço relacional e de embaralhamento simbólico. A capoeiragem, como um "in-between" (um espaço relacional produtor de diferenças - Bhabha, 1984), contém em si um modus operandi que paradoxalmente, por seu posicionamento de fronteira, produz e mistura culturas. Em outras palavras, um "entre lugares" produtor de novas possibilidades de subjetivação. Um espaço de tradução cultural legitimado para manipulações de códigos e símbolos de diferentes e, por vezes, distintas procedências. Tal característica de adaptabilidade e hibridez legitimada pela diáspora africana vem no decorrer da história mantendo viva a capoeira no Brasil e no mundo. Se podemos falar de uma tradição ancestral na capoeira, esta se dá pelo seu modus operandi produtor de identidades e subjetividades híbridas, estabelecido dentro de um contexto colonial sociocultural brasileiro.

4. CONSIDERAÇÕES FINAIS

Um novo momento da capoeiragem se instaura devido à sua

transnacionalização simbólica, significativa e subjetiva. Com isso, outras articulações até então impensadas se fazem possíveis através do borramento de algumas fronteiras antes naturalizadas. São associações criativas que surgem pelo acúmulo de experiências práticas com os diferentes contextos por onde tramitam em função da capoeiragem. Fato este que aponta para a importância de se levar em conta as características locais onde os fenômenos são observados. Nos testemunhos apresentados, podemos perceber a presença da cidade enquanto um lugar que orienta a reconstrução dos capoeiristas migrantes através de seus códigos e regras socioculturais específicos. Neste sentido, a Alemanha oferece um mosaico de diferenças regionais, não só culturais, como políticas e sociais. Devido à sua herança histórica de fragmentação, a Alemanha é formada por um conjunto de regiões independentes que possuem sua própria legislação, dialetos e costumes.

Pelo fato de circularem no meio artístico do Rio de Janeiro e Salvador, tanto Martinho Fiuza quanto Paulo Siqueira adquiriram um capital cultural que dava a estes sujeitos acesso a uma cultura globalizada, que seria de suma importância para se estabelecer na Alemanha. O estilo Black Power de se vestir, as influências do jazz entre outros hábitos disseminados naquela época viabilizaram a migração para as grandes cidades alemãs como Munique, Hamburgo e Berlim. Situação não distinta de Momitto, na qual a associação entre a capoeiragem com uma "identidade latino-americana" se fez possível devido a particularidades da cidade de Freiburg. Pois, possivelmente, tais estratégias não teriam o mesmo espaço de legitimação em outros contextos.

Um outro caso emblemático se faz presente através da Mestra Maria do Pandeiro que se utiliza de elementos característicos do imaginário da cidade onde reside há vinte anos, associando-os à história de Lampião e ao sertão brasileiro. Através da mestra, diferentes cosmologias sofrem um processo de fricção, proporcionando com o tempo um espaço intersticial que é o próprio lugar de subjetivação por onde a mestra foi se reinventando. Um lugar que associo ao conceito in-between de Bhabha (1994), por se posicionar entre mundos, entre estruturas lógicas concebidas de maneira distintas, sem conexões a priori, nem temporais tampouco espaciais. Mestra Maria do Pandeiro são muitas "Marias". Uma malabarista que foi se aproveitando das possibilidades postas à ela para cunhar um lugar seu. Desbravadora de novos espaços de subjetivação onde a mulher se torna protagonista, escultora ativa de seus múltiplos "eus" possíveis. Uma tendência que vai dando às mulheres patamares cada vez mais de destaque em um cenário historicamente masculino da capoeiragem.

A criatividade torna-se um aspecto chave para lançar um olhar às multiplicidades que vão tomando forma. Uma reinvenção constante de si, mostrando várias facetas das subjetividades possíveis de serem corporificadas. Os casos de Momitto e Vaqueiro podem servir como um bom exemplo das hibridações produzidas pelos próprios sujeitos entre seus lugares de origem e destino. Momitto se reinventa desfigurando tratados de propriedade referentes a elementos tidos como pertencentes a campos identitários distintos. Vaqueiro também desponta como parte deste grupo que estabelecem no início do século XXI outros modos possíveis de subjetivação para a capoeiragem. O discípulo de Mestre Martinho Fiuza ao mesmo tempo que cria novas fronteiras, subverte-as fazendo de si uma ponte entre as partes. A associação que faz na logomarca de seu grupo entre a região da Bavária, a capoeiragem e o Brasil representa a situação de liminaridade que sua própria subjetividade híbrida produz. Um in-between conectando através de si diferentes culturas e escalas territoriais - já que a Bavária é uma região e o Brasil, um país.

Através de Momitto e Vaqueiro chegamos também à sensação de incômodo ou de confusão conceitual expressas nas frases "nem parece um alemão", "pareces um brasileiro" ou "jogas bem capoeira para um alemão". Estas são expressões proferidas por alguns brasileiros para tentar explicar alguns não brasileiros praticantes de capoeira pelo fato dos últimos dominarem fluentemente as linguagens da capoeiragem. Um desconforto classificatório que coloca em cheque não só as antigas construções de alteridades até então naturalizadas na capoeiragem, como também a construção do "ser brasileiro" como uma categoria da ordem do "dado" no universo da capoeira. A ideia de brasilidade, de uma cultura brasileira produzida no Brasil, é desterritorializada, desvinculando a brasilidade como algo produzido apenas no território brasileiro. Como efeito do descolamento entre a "cultura brasileira" com o território brasileiro, produzidos pela prática da capoeira na Alemanha, articula-se com o tempo novos modelos de subjetividades, mantendo-se, no entanto, algumas expectativas fundamentais, tais como: o gingado e a língua portuguesa.

Os desdobramentos contemporâneos que foram apresentados nos conduziram a uma melhor percepção do que denominamos de capoeiragem in-between: Um espaço legitimado ao longo do tempo como representativo da cultura produzida pela diáspora africana em território brasileiro, culminando com a recente aprovação da capoeira conferida pela UNESCO (2018) como patrimônio da humanidade. Conferimos também que a capoeiragem não se esgota somente pelo embaralhamento cultural das diferentes etnias africanas no Brasil, mas também pelos atravessamentos que vão ocorrendo e determinando mudanças nos rumos por ela tomados. A força colonizadora portuguesa assim como o entrecruzamento com a diáspora alemã demonstram a importância de se levar em consideração tais influências para que se possa dar conta dos rumos que a capoeiragem vem tomando. Mais do que se preocupar com ancestralidades ou origens, tal abordagem desvenda aspectos liminares e de intensa negociação cultural fundamentais para que se possa entender as novas composições e significações para o universo da capoeira. Se há alguma possibilidade de ancestralidade na capoeira, esta se encontra em seu modus operandi que em um momento estabelece e em outro subverte fronteiras culturais, entrelaçando símbolos e códigos, criando assim hibridações de suas próprias dicotomias.

AGRADECIMENTOS

O autor agradece aos mestres brasileiros e capoeiristas não brasileiros por terem gentilmente compartilhado suas experiências e autorizado que fossem nomeados neste capítulo.

Referências

ALBUQUERQUE, W. R. de ; FRAGA FILHO, W. Uma história do negro no Brasil. Salvador: Centro de Estudos Afro-Orientais; Brasília: Fundação Cultural Palmares, 2006.

ASSIS, G. O & SASAKI, E. M. "Os novos migrantes do e para o Brasil: um balanço da produção bibliográfica". In: Castro, Mary Garcia (Coord). Migrações Internacionais: contribuições para políticas Brasil. Brasília, CNPD. p. 615-669, 2001.

BHABHA, H. The Location of Culture. London; New York: Routledge, 1994

GARCIA, F. A. Latinos en Alemania: política local, identificaciones

colectivas y participación ciudadana en la ciudad de Friburgo. Madrid: Ed. Bubok, pp. 245, 2012.

Nestor Capoeira. The Little Capoeira Book. Berkeley, CA: North Atlantic Books, 1995.

SALES, T. "O Brasil no contexto das recentes migrações internacionais", In LAVINAS, L.CARLEIAL, L. AGM. da F. NABUCO, M. R. (Eds.), Integração, região e regionalismo, RJ: Bertrand Brasil, p.249-271, 1994.

SHOHAT, E. "Notes on the Post- Colonial". Social Text, nº 31/32, Third World and Post-Colonial Issues, pp. 99-113, 1992.

UNESCO. Decision of the Intergovernmental Committee: 9.COM 10.8. Disponível em <https://ich.unesco.org/en/decisions/9.COM/10.8>. Acesso em: 20 set. 2018.

Minibiografia dos autores

Ana Luiza Oliveira de Souza.

Ana Luiza Oliveira de Souza é licenciada em Letras (Português-Italiano) pela Universidade Federal do Rio de Janeiro (UFRJ - Brasil) e Mestre em Dramaturgia pela Universidade de Bolonha (Itália). Atualmente, é professora do Leitorado de Língua Portuguesa Brasileira nos cursos da graduação e mestrado em Letras da Universidade de Pisa. Atua como professora na área de Português como Língua Estrangeira e pesquisa sobre o Português como Língua de Herança na Itália. Além disso, coordena as atividades educativas da associação Casa do Brasil em Florença.

Anna Ladilova.

Anna Ladilova is an Assistant Professor at the Department of Spanish and Portuguese Language Studies at the Justus-Liebig-University of Gießen, Alemanha. Her research focuses mainly on language contact, migration, gesture studies, multimodal interaction analysis and intercultural communication in the European and American context. She studied Applied European Languages, Political Economy and German as a Foreign Language

Teaching at the Justus-Liebig-University of Gießen and Universidad Autónoma in Madrid. She completed a PhD on "The collective identity construction in migration settings. Language contact situation of Voga Germans in Argentina" in 2012. After that, she conducted research on the integration of lusophone migrants in Spain and of Brazilian migrants in Germany as well as on multimodal interaction analysis of multilingual interactions.

Beatrize Padilla.

Beatriz Padilla é Doutora e Mestre em Sociologia Transnacional pela Universidade de Illinois em Urbana-Champaign; Mestre em Políticas Públicas pela Universidade de Texas em Austin, e Licenciada em Ciências Políticas e Administração Pública pela Universidad Nacional de Cuyo, Argentina. Foi Professora Associada na Universidade do Minho e atualmente é Investigadora Principal no Instituto Universitário de Lisboa (ISCTE-IUL) no Centro de Investigação e Estudos de Sociologia, coordena o Projeto Multilevel Governance of Cultural Diversity in a Comparative Perspective: Europe and Latin America - GOVDIV, financiado pela Comissão Europeia. Participa em vários projetos de investigação, tais como Understanding the practice and developing the concept of welfare bricolage – UPWEB, financiado por Norface e REFUGIUM: Building shelter cities and a new welcoming culture. Links between European universities and schools in Human Rights, financiado pelo Programa Erasmus +.

Daniela Mascarenhas Benedini.

Daniela Mascarenhas Benedini possui mestrado em Linguística Aplicada pela Universidade de Brasília (UnB) e doutorado em Língua e Cultura pela Universidade Federal da Bahia (UFBA). Atualmente, é professora da Universidade do Estado da Bahia (UNEB). Tem experiência na área de ensino e aprendizagem de Língua Estrangeira (LE) e Segunda Língua (L2) com as línguas inglesa e portuguesa. Atua principalmente na formação de professores e produção de material didático. Nos últimos cinco anos, tem se dedicado ao estudo do Português como Língua de Herança em contexto italiano.

Diana Marciele Kerber.

Diana Marciele Kerber é mestre em Pesquisa Aplicada ao Serviço Social pela Hochschlule München (HM), Alemanha. É graduada em Serviço Social pela Universidade Luterana do Brasil (ULBRA), Brasil. Atualmente é doutoranda no Instituto de Sociologia da Universidade Técnica de Dortmund (TU Dortmund), Alemanha, sob a orientação da Prof. Dr. Angelika Poferl. Seus interesses de investigação são: pesquisa qualitativa, sociologia do conhecimento, migração, problemas sociais, direitos humanos e transnacionalização.

Fábio Araújo Fernandes.

Fábio Araújo Fernandes trabalha com pesquisas na área de estudos pós coloniais voltados para prática da capoeira, diáspora, migrações contemporâneas, brasilidade, identidade cultural e subjetividades, como também tem interesse na área de história do pensamento antropológico, desenvolvimento, sustentabilidade cultural e gerenciamento ambiental. Tem experiência de pesquisa na área de migração, transnacionalidade e produção de identidades brasileiras ou brasilidades na Alemanha, assim como análise sobre políticas públicas, transversalidade e gestão municipal no Brasil, atuando principalmente nas seguintes áreas: estudos brasileiros e pós coloniais, migrações contemporâneas, história do pensamento antropológico, identidade e subjetividade, desenvolvimento e sustentabilidade cultural e análise de políticas públicas na Amazônia.

Glauco Vaz Feijó.

Glauco Vaz Feijó é professor do Instituto Federal de Educação, Ciência e Tecnologia de Brasília (IFB) e Doutor em História pela Universidade de Brasília (UnB) em regime de cotutela com a Friedrich-Schiller Universität Jena, Alemanha. Possui graduação em Ciências Sociais pela Universidade Federal Fluminense e Diploma de Estudios Avanzados en Historia pela Universidad de Huelva, Espanha. Foi Lehrbeauftragter e Pesquisador Visitante no Instituto de Romanística da Friedrich-Schiller-Universität Jena.

Tem experiência nas áreas de Educação, História, Estudos Culturais e Migração, atuando principalmente nos seguintes temas: estudos e encontros culturais; questões de identidade e pertencimento; migração; questões de gênero e de raça. Dentre os últimos trabalhos publicados, destacam-se "Experiências de brasileiros e brasileiras em Lisboa no início do século XXI. In: C. Costa; M.E.S.R. Ribeiro (Orgs.) Fronteiras móveis: territorialidades, migrações. Belo Horizonte: Fino Traço, 2016".

Layla Jochmann.

Layla Jochmann é graduada em Letras com habilitação em português e literaturas de língua portuguesa pela Universidade Federal da Grande Dourados (UFGD), Brasil, em 2011, e mestre em Linguística Geral pela Universidade do Porto (UP), Portugal, em 2014, Desde 2015, desenvolve sua pesquisa de doutorado sobre o Português como Língua de Herança (POLH) e aquisição bilíngue nas Universidades Europa-Universität Viadrina (EUV), Alemanha, e Universidade Federal Fluminense (UFF), Brasil. A pesquisadora é também, desde 2016, professora de Português como Língua Estrangeira e POLH na Associação Bilingua e.V., em Berlim, Alemanha.

Thais França.

Thais França é Doutora em Sociologia pelo Centro de Estudos Sociais da Universidade de Coimbra, Portugal. Mestre em Psicologia Organizacional, do Trabalho e dos Recursos Humanos (WOP-P, Eramis Mundos) pela Universidade de Bolonha, Itália. É graduada em Psicologia, pela Universidade Federal do Ceará. Atualmente é investigadora do Centro de Estudos Sociais do Instituto Universitário de Lisboa (ISCTE-IUL; CIES-IUL), onde coordena, juntamente com a professora Beatriz Padilla, o projeto Scientific Mobility to and from Portugal: Production and Circulation of Knowledge in Highly-Skilled Immigration. Seus interesses de investigação são: feminismo, migração qualificada, mobilidade científica, pós-colonialismo e relações laborais.

Sobre as organizadoras

Ana Souza.

Ana Souza é PhD pela Universidade de Southampton, Inglaterra, e pós-graduada em Ensino e Gestão para Educação de Nível Superior pela Goldsmiths, Universidade de Londres, Inglaterra. Associada à Academia Britânica de Educação Superior (*Higher Education Academy*). Desde agosto de 2018, é Professora Visitante na Universidade de Brasília (UnB, Brasil), atuando no Programa de Pós-Graduação em Linguistica (www.ppgl.unb.br). Além disso, é Acadêmica Visitante (Honorária) na Universidade Oxford Brookes (www.brookes.ac.uk), Inglaterra, onde foi *Senior Lecturer in TESOL and Applied Linguistics* entre 2015 e 2018.

É graduada em Letras Português-Inglês (CEUB, Brasília) e Tradução Português-Inglês (UnB). Lecionou Inglês como Língua Estrangeira (EFL) por dez anos em Brasília, antes de fazer Mestrado no Ensino de Língua Inglesa na Universidade Thames Valley (atual *West London University*), Inglaterra. Em Londres, lecionou Inglês para Falantes de Outras Línguas (ESOL), Português como Língua Estrangeira (PLE) e Português como Língua de Herança (POLH).

Seus interesses de pesquisa são na área de Sociolinguística, com ênfase em bilinguismo, língua e identidade, escolhas linguísticas, planejamento linguístico (com foco em famílias e igrejas de imigrantes), escolas complementares / suplementares (escolas de línguas de herança), língua de herança, formação de professores de línguas, inclusive para o ensino de POLH.

Transformou conhecimento acadêmico em ação social através da ABRIR (Associação Brasileira de Iniciativas Educacionais no Reino Unido – http://abrir10anos.wordpress.com, a qual coordenou entre os anos de 2006 e 2016. Com o apoio desta associação, criou o SEPOLH (Simpósio Europeu sobre o Ensino de Português como Língua de Herança - www.sepolh.eu), o qual visa estimular a colaboração de países europeus para benefício dos profissionais na área de POLH e dos aprendizes de POLH, assim como promover e disseminar pesquisas na área.

Também coordenou os trabalhos do GEB (Grupo de Estudos sobre Brasileiros no Reino Unido – https://geb2008.wordpress.com) entre 2008, ano de sua fundação, até 2015, quando suas atividades foram encerradas. Durante este período, organizou uma série de seminários relacionados a imigração brasileira, assim como participou de importantes publicações que contribuem para um melhor entendimento sobre as experiências dos brasileiros nesse país. A mais recente dessas publicações intitula-se *Desafios no dia-a-dia: experiências de brasileir@s no Reino Unido*. Publicada em 2015 em parceria com a Dra Yara Evans (Queen Mary, Universidade de Londres, Inglaterra) e disponível no link: https://geb2008.files.wordpress.com/2015/07/souza-evans-2015-desafios-no-dia-a-dia.pdf

Maiores informações sobre suas publicações, cursos, seminários e palestras podem ser encontradas no site:
http://souzaana.wordpress.com

Camila Lira.

Camila Lira (https://www.linkedin.com/in/camila-lira-8506356a) é mestre em Alemão como Língua Estrangeira com ênfase em bilinguismo pela Universidade Ludwig Maximiliam, Munique, Alemanha. Atualmente é doutoranda na Universidade Europa Viadrina (Frankfurt Oder, Alemanha), em cotutela com a Universidade Federal Fluminense (Niterói, RJ). Sob supervisão da Professora Dr.Konstanze Jungbluth e da Professora Dr. Monica M. Savedra, atualmente pesquisa e escreve sua tese de doutorado sobre o Português como Língua de Herança (POLH).

É graduada em Letras Português - Alemão pela Universidade de São Paulo (USP) e formou-se no antigo Magistério em 1999 no CEFAM – Centro Específico de Formação e Aperfeiçoamento para o Magistério – Osasco, Brasil. Durante 6 anos foi professora para a educação infantil em Barueri, onde trabalhou com turmas em fase de alfabetização. Motivada a aprender mais sobre o idioma alemão, fez intercâmbio na cidade de Munique, onde buscou possibilidades para continuar seus estudos. É nesta cidade que começou a dar aulas de Português como Língua Estrangeira e conheceu a Linguarte, associação para o ensino e promoção do Português como Língua de Herança. Começou a trabalhar na Linguarte em 2009, com duas turmas de POLH e uma de PLE. Além das aulas na Linguarte, atua como professora de PLE na Universidade Técnica de Munique e de alemão em escolas particulares.

A partir de 2010 passou a coordenar os grupos de ensino de POLH da Linguarte. Através desta organização, co-fundou o Centro de Informação e Apoio sobre Educação Bilíngue – Português como Língua de Herança (CIAEB-PLH) e organizou o II-SEPOLH (Simpósio Europeu sobre o Ensino de Português como Língua de Herança) em 2015 na cidade de Munique. Também em Munique organizou o IV Seminário Europeu sobre a Imigraçao Brasileira na Europa em 2016. Desde 2015, é membro do comitê diretivo do SEPOLH.

Suas áreas de interesse incluem Sociolinguistica, Linguística Variacionista, Línguas em Contato, com ênfase em bilinguismo, aquisição bilíngue, biletramento, plurilinguismo e formação de professores para o ensino de POLH.

Kátia Chulata.

Kátia Chulata possui doutorado em Estudos Linguísticos, Histórico-Literário pela Universidade de Salento, na Itália. Tem experiência na área de Linguística, com ênfase em Português como Língua Estrangeira, Português como Língua de Herança e tradução. É professora de Língua e Literatura Portuguesa e Brasileira na Università degli Studi "Gabriele d'Annunzio", de Chieti-Pescara, Itália.

Copyright © 2019, Ana Souza, Camila Lira & Kátia Chulata.

The right of Ana Souza, Camila Lira & Kátia Chulata to be identified as the Authors of the Work has been asserted by them in accordance with the Copyright, Designs, and Patent Act 1988. All rights reserved. No part of this publication may be reproduced, stored in a retrieval system, or transmitted, in any form or by any means without the prior written permission of the Authors, nor be otherwise circulated in any form of binding or cover other than that in which it is published and without a similar condition being imposed on the subsequent purchaser. To publish, republish, copy, or distribute this book, please contact: contact@jnpbooks.com

"Línguas, Identidades E Migração: Brasileiros Na Europa" title and related indicia are © 2019, JNPBooks Ltd - All rights reserved.

Translations by Luciana Paquet (www.lucianapaquet.com)

Copyright © 2019, JNPBooks Ltd. All rights reserved. First Edition.
JNPBooks Ltd is a JNPMedia Ltd company.
Copyright © 2019, JNPMedia Ltd. All rights reserved.

ISBN 9781911435181 (PAPERBACK)
eISBN 9781911435198 (EBOOK)

www.ingramcontent.com/pod-product-compliance
Lightning Source LLC
Chambersburg PA
CBHW071340080526
44587CB00017B/2900